Gisbert Greshake

Hinführung zum Glauben an den drei-einen Gott

Gisbert Greshake

Hinführung zum Glauben an den drei-einen Gott

FREIBURG · BASEL · WIEN

Vorangegangene Auflagen:
1.–3. Auflage: An den drei-einen Gott glauben, 1998, ²1999, ³2000
4. Auflage: Kleine Hinführung zum Glauben an den drei-einen Gott, 2005
5.–6., erweiterte und aktualisierte Auflage ⁵2008, ⁶2014

Zum Umschlag-Motiv
Das im Kreuzgang des Paderborner Doms befindliche sog. »Hasenfenster« aus dem 16. Jh. wird in einem volkstümlichen Vers beschrieben mit »Der Hasen und der Löffel [Ohren] drei, und doch hat jeder Hase zwei!« So gesehen ist das Fenster in zweifacher Hinsicht ein zeichenhafter Hinweis (mehr nicht!) auf die göttliche Dreifaltigkeit: (1) Obwohl jeder der drei Hasen zwei Ohren hat, ergeben sich daraus nicht insgesamt sechs Ohren. Das will ein *Zeichen* dafür sein, dass, auf den dreifaltigen Gott bezogen – *drei* Personen und doch *ein* Gott –, unser »Zählen« aus dem Ruder gerät. (2) Jeder der drei Hasen ist nur »vollständig«, wenn er an der Ausstattung der anderen teilhat. So ist auch jede der Personen in Gott dadurch bestimmt, dass sie in absoluter Einheit mit dem Leben und Wesen der anderen steht.

7. Auflage 2022
Aktualisierte und erweiterte Neuausgabe

© Verlag Herder GmbH, Freiburg im Breisgau 1998
Alle Rechte vorbehalten
www.herder.de
Umschlaggestaltung: Verlag Herder
Umschlagmotiv: Das Dreihasenfenster im Kreuzgang
des Paderborner Doms, Anfang 16. Jh.
Satz: Barbara Herrmann, Freiburg
Herstellung: Hubert & Co. GmbH & Co. KG, Göttingen
Printed in Germany
ISBN Print 978-3-451-39169-9
ISBN E-Book (PDF) 978-3-45-83856-9

Inhalt

Zum Thema 7

Die Grundlagen trinitarischen Glaubens 15
  Biblische Ur-Kunde 16
  Das Offenbarungsgeschehen und der drei-eine Gott . 21
  »Revolution im Seinsverständnis« 28
  Gott ist Gemeinschaft 33
  Die verschiedenen Personen in Gott 42

Konsequenzen 45
  Menschsein im Bild des drei-einen Gottes 46
  Gegenprobe: Der Mensch als »einsames Subjekt« ... 52
  Schöpfung, die aus der Liebe kommt 58
  »Trinitarisierung«: das Ziel der Schöpfung 65
  Die Menschwerdung des trinitarischen Gottes 74
  Erlöst durch Vater, Sohn und Heiligen Geist 82
  Kirche als »Ikone« der Trinität 97
  Der vergessene Heilige Geist 104

Der Glaube an den drei-einen Gott im Dialog 111
  Weltreligionen und »trinitarisches Dialogprinzip« .. 112
  Religionskritik, Zeitdiagnose und Trinitätsglaube ... 125
  Trinität und Politik 130

Die »Gastfreundschaft« des drei-einen Gottes 141
  Rück-Blick 142
  Die »Philoxenia«-Ikone 145
  Krönung Marias durch die Trinität 151

Inhalt

Ausblick 157
    Trinitätstheologie der letzten Jahrzehnte im Holzschnitt 158
    Kurze Vorstellung neuerer trinitätstheologischer Literatur 160

Anmerkungen 166

Namensverzeichnis 175

Zum Thema

»Gott ist einer in drei Personen« – muss man das glauben, soll man das glauben, kann man das überhaupt glauben? Vor allem aber: Was soll's? Was kann man mit einem solch unverstehbaren Gottesbild, was kann man mit dem sog. »trinitarischen« Glauben anfangen? Ist nicht Goethe Recht zu geben, der im Rückblick auf seine religiöse Erziehung im Gespräch mit Eckermann (1824) einmal bemerkt hat:

> »Ich glaubte an Gott und die Natur und an den Sieg des Edlen über das Schlechte; aber das war den frommen Seelen nicht genug, ich sollte auch glauben, daß drei eins sei und eins drei; das aber widerstrebte dem Wahrheitsgefühl meiner Seele; auch sah ich nicht ein, daß mir damit auch im mindesten wäre geholfen gewesen.«

Auch wenn diese Worte des Dichters nicht mehr heutigem Denk- und Sprachempfinden entsprechen, ist das Gemeinte doch bei vielen unserer Zeitgenossen gegenwärtig, wenn sie etwa denken oder sagen: Ich glaube an Gott, freue mich der Welt und hoffe, dass einmal alles gut ausgehen wird. Was soll da noch dieser widersinnige und unnütze Glaube an einen drei-einen Gott?

In der Tat stecken in der Bemerkung Goethes zwei bis heute vorgebrachte Kritikpunkte am christlichen Trinitätsglauben. Erstens: er ist widersprüchlich und unverstehbar, ein unlogisches Gedankengespinst. Zweitens: dieser Glaube ist irrele-

Zum Thema

vant, lebensfern und folgenlos. Was ändert sich schon für mein praktisches Leben, ob Gott nun ein-, drei- oder hundertfaltig ist? Ganz auf dieser Linie hatte Kant bereits im Jahr 1798 formuliert: »Aus der Dreieinigkeitslehre lässt sich schlechterdings nichts fürs Praktische machen«[1].

Diese beiden kritischen Einwände haben bis in die Gegenwart Geltung behalten. So berichtet der Religionspädagoge Georg Baudler von Schülerreaktionen auf entsprechende Religionsstunden, worin das völlige Unverständnis der Jugendlichen überdeutlich wird: »Trinität« – schreibt Baudler – »erscheint ... in den meisten Schülernotizen als eine Art theologisches Kreuzworträtsel, das keine Bedeutung für das Leben hat«[2].

Diese Einstellung hat – wie wir am Beispiel Kants und Goethes sahen – schon eine lange Geschichte. Seit Beginn der Neuzeit glaubt man – allenfalls! – an einen »einpersönlich« vorgestellten Gott, an den »Himmelsvater«, an ein »höchstes Wesen«, an eine »über allem schwebende und webende« göttliche »Monade« (d. h. an ein letztes, einfaches, in sich geschlossenes und sich selbst genügendes »einsames« höchstes Wesen). Davon machen auch engagierte Christen keine Ausnahme. Im Blick auf sie meinte Karl Rahner sogar:

»Man wird ... die Behauptung wagen dürfen, daß, wenn man die Trinitätslehre als falsch ausmerzen müßte, bei dieser Prozedur der Großteil der religiösen Literatur fast unverändert bleiben könnte. Man kann dem auch nicht entgegenhalten, die Lehre von der Inkarnation sei doch theologisch und religiös so zentral bei den Christen, daß von daher die Trinität im religiösen Leben der Christen immer und überall unausscheidbar ›anwesend‹ sei ... Man kann [jedoch] den Verdacht haben, daß für den Katechismus des Kopfes und des Herzens (im Unterschied zum gedruckten Katechismus) die Vorstellung des Christen von der Inkarnation sich gar nicht ändern müßte, wenn es keine Dreifaltigkeit gäbe. Gott wäre dann eben als (die eine) Person Mensch geworden«[3].

Ganz analog zu dieser Bemerkung des Dogmatikers Rahner begegnete mir vor einigen Jahren die Äußerung eines Moraltheologen (ich weiß leider nicht mehr, wer es war), man könne in fast allen moraltheologischen Büchern der Gegenwart den Namen »Gott« ruhig durch den Namen »Allah« ersetzen, und es würde sich an den hier entfalteten Handlungsnormen und Argumentationsgängen gar nichts ändern.

Der trinitarische Glaube also eine »theologische Leerformel«, eine »abstrakte Ideologie«, die mit dem konkreten Leben nichts zu tun hat? Obwohl doch jeder Christ auf den Namen des dreifaltigen Gottes getauft wurde, jeder diesen Glauben in unzähligen liturgischen Texten bekennt und der gläubige Katholik sich im so oft praktizierten Kreuzzeichen das trinitarische Bekenntnis buchstäblich gar in seinen Leib einprägt!

Offenbar ist es der kirchlichen Glaubensverkündigung und Theologie nicht gelungen, die alles erfassende, umwälzende Bedeutung des Trinitätsglaubens für das eigene Leben und für den Umgang mit der Welt zu verdeutlichen. Aus dem Bekenntnis zum drei-einen Gott wurde eine binnentheologische, lebensfremde Aussage über das innerste Wesen Gottes, das den Menschen letztlich kalt und uninteressiert lässt. Denn warum soll es von existentieller Bedeutung für mich sein, wenn ich weiß, wie es im innergöttlichen Sein und Leben zugeht?

So aber ist völlig und radikal verkannt, was es mit dem Glauben an den drei-einen Gott auf sich hat. Es geht hier nicht um eine isolierte, abstrakte Aussage über ein fernes, erhabenes, uns entzogenes göttliches Wesen. Vielmehr: wenn Gott der ist, »in dem wir leben, uns bewegen und sind«, wie es in der Apostelgeschichte (17,28) heißt, und wenn dieser Gott sich uns in seiner Selbstoffenbarung als Gemeinschaft, als Lebensaustausch dreier Personen vorstellt, dann ist *alles* in ein neues Licht getaucht, dann stehe ich selbst in einer ganz neuen Perspektive, und auch die ganze Schöpfung präsentiert sich neu und anders. Alles, restlos alles, was es in der Welt gibt, ist davon betroffen. Darauf weist zu Recht der verstorbene Bischof von Aachen Klaus Hemmerle hin, wenn er schreibt:

> »Die ›Revolution‹ des Gottesbildes, die durch den Glauben an ... den dreieinigen Gott in der Menschheitsgeschichte eingesetzt hat, ist kaum zu ermessen. Sie hat sogar unser eigenes, christliches Bewußtsein noch nicht bis zum tiefsten Grund durchdrungen. Daß Gott ganz und gar Mitteilung, sich verströmendes Leben ... ist, das dreht nicht nur das menschliche Bild von Gott um; es betrifft auch unser Selbstverständnis, unser Verständnis der Welt«[4].

Um diese Frage besonders soll es im vorliegenden Büchlein gehen: Welche Lebensbedeutung, welche ganz konkreten Konsequenzen hat der Glaube an den drei-einen Gott für uns? Aber natürlich auch: Welche tragende Funktion hat er für das Gesamt des christlichen Glaubens, für dessen Verständnis und dessen Verwirklichung? Kurz: Es geht darum, die »Schlüssel«-Funktion herauszustellen, die der trinitarische Glaube für alles *Verstehen* hat. Dabei meint Verstehen nicht nur »richtiges Denken« und »vernünftige Einsicht«, sondern auch rechte und glückende Praxis, wie man ja auch von jemandem sagt: Er »versteht« sein Handwerk, d. h. er kann es gut und richtig ausführen, er ist ihm gewachsen, er beherrscht es »praktisch«. So also wollen die folgenden Ausführungen zeigen, wie der Glaube an den drei-einen Gott zu einem neuen, ganzheitlichen Verstehen der Wirklichkeit führt: sowohl zu einer tieferen Einsicht als auch zu einer überzeugenden Lebenspraxis. Das Büchlein möchte also selbst ein »Schlüssel« dafür sein, die »Schlüssel«-Stellung des Glaubens an den drei-einen Gott zu ergründen.

Ein solches »Programm« kann missverstanden werden und auf gefährliche Abwege führen, so, wenn der Eindruck entstünde, der (trinitarische) Glaube solle an seiner funktionalen Brauchbarkeit und instrumentellen Verwendbarkeit für den Menschen gemessen werden. Das ist natürlich nicht gemeint. Der Glaube insgesamt richtet sich auf etwas dem Menschen Vorgegebenes, nämlich auf das an ihn ergehende und ihn in Anspruch nehmende Wort Gottes, auf welches im Gehorsam Antwort zu geben ist. Und insofern ist der Glaube nicht zuerst an seinem Nutzen für uns zu messen, sondern *er selbst* ist das Maß, das alles andere misst. Und doch: Gerade indem Gott sich in seinem Wort mitteilt und uns darin sein tiefstes Wesen, sein »Herz« erschließt, ist uns eine neue Perspektive des Verstehens und Handelns eröffnet, wie das die Pastoralkonstitution des Vaticanum II (Nr. 22) sehr schön sagt: Indem Gott sich selbst in Christus (und durch den Heiligen Geist) dem Menschen mitteilt, macht er zugleich »dem Menschen den Menschen selbst voll kund«. Von diesem neuen Licht, das die Selbsterschließung des drei-einen Gottes und der Glaube daran bringt, wird im Folgenden vorrangig die Rede sein.

Man kann das Gleiche auch noch von einer anderen Richtung aus erläutern: Wie die Heilige Schrift sagt, ist der Mensch geschaffen »nach Gottes Bild und Gleichnis«. Wenn nun dieser Gott nicht einfach ein »kompaktes« höchstes Wesen ist, sondern eine Gemeinschaft des Lebens und der Liebe, so »muss« dieses geradezu Konsequenzen für den Menschen haben: Erst vom Blick auf den drei-einen Gott her wird mit letzter Tiefenschärfe erkennbar, was denn das geistbegabte Geschöpf genau abbildet und woraufhin präzise sein Bild-Gottes-Sein verweist. Um diesen »neuen Blick« also soll es vor allem in den folgenden Ausführungen gehen.

Im Januar 1997 habe ich zu diesem Thema im Verlag Herder ein umfangreiches Werk unter dem Titel »Der dreieine Gott« – im Jahr 2007 in 5. Auflage – veröffentlicht, das sich aber eher an Fachtheologen wendet. Schwestern der Gemeinschaft »Caritas Socialis« in Wien, denen ich über viele Jahre eng verbunden bin und die meine mehrjährige Arbeit an diesem Werk mit großer Anteilnahme begleiteten, brachten mich auf die Idee, die wichtigsten Ergebnisse, Gedanken und Zusammenhänge in einfacherer Form für breite Kreise zu publizieren, also neben die »große« eine »kleine« trinitarische Theologie zu stellen.[5] So habe ich mich daran gemacht, die sehr umfangreiche Studie auf das Wesentliche – ohne Fachsimpeleien und gelehrtes Beiwerk – zu konzentrieren und in eine andere Sprach- und Argumentationsform umzusetzen, wenngleich ich dabei immer wieder auch ganze Passagen aus dem oben genannten Werk übernommen habe.

Indem ich mit diesem Büchlein dem Anliegen der Schwestern der »Caritas Socialis« entspreche, möchte ich es ihnen zugleich in herzlicher Verbundenheit und Dankbarkeit widmen.

Freiburg, November 2007   *Gisbert Greshake*

Nachdem bis 2014 bereits sechs Auflagen dieses Büchleins verlegt wurden, lag es nahe, es für eine Neuausgabe einer gewissen Revision zu unterziehen. Dabei wurden nicht nur bibliographische Angaben aktualisiert, sondern es erhielt auch durch Hinzufügung von zwei größeren Abschnitten »Trinität und Politik« sowie »Trinitätstheologie der letzten Jahrzehnte im Holzschnitt« eine erhebliche Erweiterung und Abrundung.

Freiburg, im November 2021   *Gisbert Greshake*

Die Grundlagen trinitarischen Glaubens

Biblische Ur-Kunde

Ein längerer Anweg liegt vor uns, bevor wir Grat und Gipfel eines Berges erreichen, der uns gewaltige Ausblicke eröffnen kann. Und so wie Bergführer gelegentlich um Durchhaltevermögen und langen Atem ersuchen, wenn der Pfad sich schier endlos auf einer nur schwer überblickbaren Ebene hinzieht und die Wanderer ungeduldig nach dem eigentlichen Ziel, dem Gipfel, fragen, so ist auch für den Weg der folgenden Ausführungen ein wenig Geduld erforderlich und die Bereitschaft, sich gerade in diesen ersten Abschnitten auf einen längeren gedanklichen Anweg einzulassen.

Machen wir uns zunächst einmal klar: Der Glaube an den drei-einen Gott ist kein Phantasiegebilde, keine Spekulation, nichts, was der Mensch sich selbst ausgedacht hat oder hat ausdenken können. Der trinitarische Glaube beruht allein darauf, dass der erhabene, allem menschlichen Denken und Vorstellen unendlich überlegene Gott sich uns in Freiheit selbst erschlossen und mitgeteilt hat. Nur von sich her kann Gott sich eröffnen, nur er selbst kann sagen, wer er ist. Und er hat es getan. Bereits die Schöpfung ist eine Weise der Selbsterschließung Gottes. So heißt es in Röm 1,20: »Seit Erschaffung der Welt wird seine unsichtbare Wirklichkeit, seine ewige Macht und Gottheit, an den Werken der Schöpfung mit der Vernunft wahrgenommen«. Im Blick darauf sagt der große Philosoph und Theologe Nikolaus von Kues, dass schon aus der Schöpfung die »große Stimme Gottes« erklingt. Es ist eine Stimme, die sich dann »jahrhundertelang gesteigert hat«, und zwar in den Religionsstiftern, Weisen und Propheten der Menschheitsgeschichte, vor allem in denen des Alten Bundes (»Viele Male und auf vielerlei Weise hat Gott einst ... durch die Propheten gesprochen«: Hebr 1,1); doch »am Ende einer langen Reihe von Modulationen« hat die eine große Stimme in Jesus Christus »endlich Menschengestalt angenommen«[6]. So wird endgültig auch erst von ihm her offenbar, wer Gott ist, dass er nämlich der drei-eine Gott ist. Und deshalb schärft Hans Urs von Balthasar zu Recht ein: »Einen anderen Zugang zum trinitarischen Mysterium als dessen Offenbarung in Jesus Christus und im Heiligen Geist gibt es ... nicht«[7]. Wir sind also auf das Zeugnis der Heiligen Schrift verwiesen und müssten dieses nun eigentlich an Hand einer Reihe von Einzelaussagen und -texten durchgehen und im Detail erörtern.

Das würde zu weit führen, und deshalb soll hier ein anderer, grundsätzlicherer Zugang gewählt werden, indem wir auf die in der Heiligen Schrift bezeugte Ur- und Grunderfahrung des neutestamentlichen Glaubens blicken. Das heißt, wir nehmen unseren Ausgangspunkt bei der Frage: Was steht eigentlich im Zentrum der christlichen Glaubenserfahrung? Es ist zweifellos die Tatsache, dass Menschen auf eine sie »umwerfende« Weise erfahren haben: in Jesus von Nazaret und in der Kraft seines Geistes kommt *Gott selbst* auf uns zu und teilt uns dabei nicht nur *etwas* mit, sondern buchstäblich *sich selbst*. Im Christusgeschehen eröffnet uns Gott sein Innerstes, sein Herz, in ihm stiftet er für immer Gemeinschaft mit dem Menschen, in ihm teilt er sein eigenes Leben mit uns. In Jesus Christus (und – auf andere Weise – in dem von ihm gesandten Geist) begegnet also nicht eine Mittlergestalt, die nur auf Gott hinweist, hinter der das Göttliche aber in verborgener, unendlich erhabener Transzendenz für immer dem Menschen entzogen bleibt. Nein, im Christusgeschehen bringt *Gott sich selbst* in Erfahrung. Wer es mit Jesus, seinem Wort, Verhalten und Erleiden zu tun hat, hat es mit Gott persönlich zu tun. Wäre es anders, so würde Jesus, der als letztes und letztgültiges Wort Gottes auftritt und als unüberbietbare Darstellung der göttlichen Liebe, im Widerspruch zu sich selbst stehen; er wäre nicht die endgültige Vermittlung zwischen Gott und Mensch, die zu sein er doch beansprucht. Ja, es würde – so Joseph Ratzinger – »statt einer Vermittlung eine Abtrennung werden, wenn er ein anderer als Gott, wenn er ein Zwischenwesen wäre. Dann würde er uns nicht zu Gott hin, sondern von ihm weg vermitteln«[8]. Und auch der Heilige Geist, der Jesus erfüllt hat und der uns nach dessen Heimgang zum Vater in die Wirklichkeit Christi hineinnimmt und unmittelbaren Zugang zum Vater erschließt, würde uns im Bereich des rein Kreatürlichen, ohne unmittelbare Beziehung zu Gott, belassen, wäre er nicht selbst Gott. Wenn aber der Anspruch, der dem Christusgeschehen von seinem Wesen her eignet, lautet, dass Gott selbst es ist, dem wir in Christus und in dem durch ihn geschenkten Geist begegnen, dann muss dieser Gott durch innere Differenzierungen charakterisiert sein. Wieso? Nun Jesus, die Vermittlung Gottes zu uns, unterscheidet sich – wie die Heilige Schrift vielfach zeigt – in seinem Wort und Verhalten sowohl vom Vater als auch vom Heiligen Geist. Folglich muss zum Wesen des Gottes, der in Jesus Christus erscheint, auch die Unterscheidung von Vater, Sohn und Heiligem Geist gehören.

Auf diese Weise also ging den Menschen von damals von der ganz konkreten Erfahrung mit Jesus her auf (und kann uns auch heute aufgehen), dass er die vom *Geber* (Gott dem Vater) unterschiedene göttliche *Gabe* an uns ist, zu deren Empfang wir durch die Kraft und das Wirken des Heiligen Geistes geöffnet werden.

So gesehen gründet der Glaube an den drei-einen Gott nicht in einigen wenigen Schriftstellen des Neuen Testaments, noch ist er Ergebnis von Reflexion und Spekulation, sondern er stellt *die* neutestamentliche Basiserfahrung überhaupt dar.

Das heißt aber – anders gesagt: Trinität ist ursprünglich keine Glaubensformel, kein Glaubenssatz, keine Doktrin oder gar Ideologie, sondern ein *Ereignis*, das man erzählt, eine Erfahrung, die bezeugt wird. Und zwar – nochmals! – ist es die Erfahrung, dass Gott der Vater durch seinen Sohn Jesus Christus in dem von ihm vermittelten Heiligen Geist auf die Menschen zugegangen ist, sich ihnen ganz und gar mitgeteilt und sie in sein eigenes göttliches Leben hineingezogen hat. Dadurch wird der Mensch – nach einer schönen Formulierung von Jürgen Werbick – »so in diese Lebensgemeinschaft einbezogen, dass er sich vom Vater, dem Urgrund des Seins, ... getragen, von seinem Bruder Jesus Christus auf den Wegen seines Lebens und Sterbens begleitet und vom Heiligen Geist auf die alles Denk- und Vorstellungsvermögen übersteigende göttliche Wirklichkeit hin geöffnet erfährt«[9].

Diese neutestamentliche Grunderfahrung hat für das Gottesbild zur Folge: Wenn Gott sich im Christus-Ereignis sowohl als in sich differenziert wie auch als Geheimnis äußerster Hinwendung und Nähe, Liebe und Kommunikation gezeigt hat und wenn er sich darin wirklich *als er selbst* gezeigt hat, dann *ist* dieser Gott auch *in sich selbst* unterschieden und zwar als sich gegenseitig beschenkende Communio (darüber später mehr). Und eben das meint der Glaube an den drei-einen Gott: Der Gott der Christen ist keine einsame Monade, keine kompakte Allmacht, kein monarchischer Supervater, der irgendwie und irgendwo – mit Schiller gesprochen – »überm Sternenzelt« wohnt. Der eine und einzige Gott ist vielmehr *sich ereignende Gemeinschaft* – in sich selbst und in seinem Verhältnis zu uns.

Der Glaube an den drei-einen Gott ist also aufs Engste mit der Erfahrung verbunden, dass Gott sich selbst ganz und ohne Vorbehalt dem Menschen mitgeteilt hat, dass er nicht etwas von sich, sondern buchstäblich *sich selbst*, wie er ist, dem Menschen geschenkt hat. Genau diese Erfahrung ist es, die uns einen Blick ins Innere Gottes und damit in das Herz aller Wirklichkeit eröffnet.

All das lässt sich nun konkretisieren und zugleich denkerisch vertiefen am Beispiel des Offenbarungsgeschehens, wie es der christliche Glaube versteht.

Das Offenbarungsgeschehen und der drei-eine Gott

Mit vielen anderen Religionen ist das Christentum davon überzeugt, dass Gott sich »offenbar« gemacht hat, d. h. dass er zum Menschen gesprochen hat, sei es durch dessen eigene innere Stimme oder durch die Botschaft besonders Berufener (Propheten), sei es durch Phänomene der Natur oder durch überwältigende Ereignisse der Geschichte. Auf vielfache Weise also hat Gott sich dem Menschen eröffnet, doch immer »im Wort«, nämlich entweder in ausdrücklichen Worten oder auch in Zeichen, Gesten und Hinweisen, die nicht unbedingt von formulierten Worten begleitet sind, die aber dann, wenn sich darin eine Person *ausdrückt*, gleichfalls worthaft (im weiteren Sinn) sind. So verstanden sind viele Religionen der Überzeugung, dass Gott sich *im Wort* offenbart hat und offenbart.

Das klingt aufs Erste schlicht und einfach. Und doch gibt diese Überzeugung eine Reihe von Problemen auf. Wenn nämlich das »Wort« des welterhabenen Gottes vom Menschen gehört und aufgenommen werden soll, muss es in und durch menschliche Worte bzw. durch Zeichen und Hinweise unserer Welt hörbar und vernehmbar werden. Denn anders als auf menschliche Weise können wir Menschen ja gar nichts aufnehmen und erfahren, auch Gott nicht. Gott muss also sein »Wort« nach Menschenart an uns ergehen lassen. Doch damit stellt sich sofort die Frage: Wird dann nicht – durch diese menschliche und welthafte Vermittlung – das Wort des unendlichen, transzendenten Gottes verendlicht, wird es nicht dadurch, dass es im geschöpflichen Bereich erscheint und sich auf menschliche Weise vernehmbar macht, auf unsere geschöpflichen, begrenzten Maße und Möglichkeiten herabgezogen? Wir können die Frage auch so formulieren: Wie kann Gottes *Wort* noch *Gottes* Wort bleiben, wenn es sich, um den Menschen zu erreichen, in die Beschränktheit, ja Armseligkeit menschlicher Worte und endlicher Zeichen hineinbegeben muss? Und machen wir, wenn wir unseren Glauben dann auf solch eine geschöpfliche, und das heißt ja begrenzte Gestalt des Gotteswortes richten, Gott nicht zu einem Götzen, da wir ein menschliches Wort als Wort des unendlichen Gottes ausgeben, identifizieren, festmachen? Grundsätzlicher noch gefragt: Begegnen wir in dem, was wir Offenbarungs- oder Heilsgeschichte nennen, wirklich dem unendlichen Gott selbst, oder treffen wir jeweils nur auf endliche, beschränkte, fragmentarische Vermittlungsgestalten, in welchen Gott unserer Fassungskraft entsprechend *etwas* von sich mitteilt, hinter denen sich aber das wahre Göttliche im Grunde verbirgt und uns für immer entzogen bleibt?

Angesichts dieser Fragen zeigt sich die Brisanz der schon skizzierten neutestamentlichen Grunderfahrung, wonach in Jesus Christus wirklich und wahrhaftig *Gott selbst* in die Geschichte eingetreten ist, und zwar auf unüberbietbare Weise: In einer – *seiner!* – menschlichen, also uns angepassten Gestalt bringt Gott sich selber in Erfahrung, drückt er sein tiefstes Wesen aus, ja spricht er sich selber aus, so dass wir wahrhaft ihn selbst sehen und hören können. »Wer mich sieht, sieht den Vater«, sagt Jesus von sich (Joh 14,9). Es ist wirklich Gott, der in ihm direkt und unmittelbar auf uns zukommt, um Gemeinschaft mit uns einzugehen und wir darin eintreten können. So treffen wir im Offenbarungsgeschehen schon auf zwei unterschiedlich Handelnde: auf den sich offenbarenden Gott und auf das in menschlicher Gestalt offenbarte göttliche Wort: auf Jesus Christus, in dem Gott sich ganz aus- und uns anspricht. Dabei ist nicht nur das, was er »sagt«, Wort Gottes, sondern alles, was sich auf der ganzen Breite seines Lebens, seines Verhaltens, Tuns und Erleidens ausdrückt.[10] Alles ist

Offenbarung, Ausdruck und Mitteilung dessen, was Gott selbst im Tiefsten ist, tut, erleidet.

Doch für das Offenbarungsgeschehen ist mit der »Zweiheit« von offenbarendem Gott und offenbartem göttlichen Wort noch nicht alles erfasst. Ganz allgemein gilt ja: Ein Wort hat noch nicht sein Wesen verwirklicht, wenn es nur nach außen ausgesprochen wird; es ist erst dann an sein Ziel gekommen, wenn es vom Angesprochenen innerlich aufgenommen, bedacht, begriffen und beantwortet wird. So stellt sich hinsichtlich des Wortes Gottes die Frage: Selbst wenn Jesus Christus wirklich das Wort Gottes in Person ist, wie kann dieses *in unser Inneres* ankommen und verstehbar werden? Wird nicht Gottes Wort durch unsere eigene geschöpfliche, und das heißt ja: durch unsere vielfach beschränkte *innere Aufnahmefähigkeit* verendlicht?

Illustrieren wir das Problem am Bild von Gefäß und Inhalt: Wenn Gottes Wort – als Ausdruck seines unendlichen Wesens – unausschöpfbare Fülle und unauslotbare Wahrheit ist, wie kann es dann im kleinen, begrenzten Gefäß unseres menschlichen Verstehens überhaupt Eingang finden und begriffen werden? Wird solches Be-greifen nicht notwendig zu einem Sich-Ver-greifen an Gottes erhabener Größe? Wird Gottes unendliches Wort, wenn es vom begrenzten Menschen aufgenommen wird, nicht in das enge Gefäß unseres armseligen Menschseins »eingeklemmt« und damit um seine Hoheit gebracht? Oder aber – eine andere Möglichkeit – wird der Mensch nicht vernichtet, wenn das verzehrende Feuer des göttlichen Wortes ihn erfasst und alles geschöpflich Beschränkte, und damit ihn selbst auflöst, zerstört, zu Tode bringt? So sieht es schon das Alte Testament und ähnlich viele andere Religionen der Menschheit: »Kein Mensch kann Gott erfahren und am Leben bleiben« (Ex 33,20). Und darum schreit der Mensch: »Gott soll nicht mit uns reden, sonst sterben wir!« (Ex 20,19). Sind das aber dann die beiden einzigen Möglichkeiten: Wenn Gott sich offenbart, wird *entweder* sein Wort in der Armseligkeit menschlicher Aufnahmefähigkeit verendlicht, *oder* das Geschöpf wird angesichts der unverhüllten göttlichen Herrlichkeit vernichtet? Wäre es so, dann gäbe es überhaupt kein Nahverhältnis, keine Gemeinschaft von Gott und Mensch, worin beide bleiben können, was sie sind, nämlich unendlicher Gott und endlicher Mensch. Gibt es also eine dritte Möglichkeit?

Zur bereits besprochenen neutestamentlichen Grunderfahrung gehört die beglückende Entdeckung, dass Gott wirklich Gemeinschaft mit uns gestiftet und sich uns erschlossen hat. Das heißt aber auch, dass das Wort Gottes wirklich als es selbst in das Innere des Menschen eingeht und Verstehen findet. Wie kann das geschehen? Nur so, dass Gott selbst die Fähigkeit, ihn zu vernehmen, in uns erwirkt. Gott muss unser geistiges Aufnahme- und Erkenntnisvermögen über dessen enge Grenzen und Schranken hinausführen, ja, er muss selbst die Möglichkeit seines eigenen Ankommens im Menschen werden.

Auf dieser Linie haben bereits die großen Theologen des 4. Jahrhunderts den Psalmvers 36,10 ausgelegt: »In deinem Licht schauen wir das Licht«. Sie haben geschrieben: Das unbegreifliche Licht, als welches Gottes Wort im Menschen aufgehen möchte, kann nur in dem Licht, das Gott selbst im Innern unserer menschlichen Aufnahmefähigkeit ist, geschaut, begriffen und ergründet werden. Und dieses Licht Gottes in uns, in welchem das Wort Gottes als es selbst aufgenommen werden kann, heißt in der biblischen und theologischen Sprache Heiliger Geist.

So ist es der Geist Gottes, welcher bewirkt, dass Gottes *Wort* trotz aller menschlichen Begrenztheit als *Gottes* Wort in uns ankommen kann, dass es dabei Gottes Wort in Fülle und Kraft bleibt und wir es als solches verstehen können. Zusammenfassend kann darum Gregor von Nazianz formulieren: »Aus dem Licht des Vaters erfassen wir den Sohn als Licht in dem Licht, das der Heilige Geist ist«, und er fügt hinzu: »Das ist eine kurze und schlichte Theologie der Dreifaltigkeit«[11].

Formulieren wir es etwas ausführlicher: Zum christlichen Verständnis des Offenbarungsgeschehens gehört ein Dreifaches. Erstens: Es ist der unendliche Gott, der Vater, der sich vorbehaltlos dem Menschen mitteilt, um engste Gemeinschaft der Liebe mit ihm einzugehen. Zweitens: Diese Mitteilung geschieht im Wort (im weit verstandenen Sinn), und zwar auf eine ganz und gar menschliche Weise, auf dass wir es überhaupt vernehmen können. Auf dem Höhepunkt dieser Selbstmitteilung Gottes erscheint das Wort im menschgewordenen Gottessohn Jesus Christus, in dem Gott sich ganz und vorbehaltlos ausdrückt und preisgibt. Drittens: Die Aufnahme, das Verstehen des Wortes Gottes, geht im Menschen auf göttliche Weise vor sich, d. h., die subjektive Aufnahme des Wortes Gottes geschieht in der Kraft göttlichen Wirkens, im Heiligen Geist.

Nur wenn alle drei »Momente« gelten, lässt sich widerspruchsfrei denken, dass Gott im Offenbarungsgeschehen nicht *etwas* von sich offenbart, sondern in grenzenloser Liebe sich buchstäblich selbst mit-teilt und den Menschen in sein göttliches Leben einbirgt. Offenbarung, als radikale Selbstmitteilung Gottes verstanden, setzt also ein trinitarisches Gottesverständnis voraus. Nur wenn Jesus Christus wahrer Gott ist, kann er Gott wirklich offenbaren und uns Gottes Nähe bringen, nur dann ist Gemeinschaft mit ihm auch Gemeinschaft mit Gott. Und nur wenn der Heilige Geist wahrer Gott ist, kann er den Menschen für Gott öffnen und in das Leben Gottes hineinziehen.

Machen wir die Gegenprobe und nehmen wir einmal an, Sohn und Geist wären nicht Gott selbst in Person, sondern lediglich untergeordnete, quasigöttliche Wesen oder nur geschöpfliche Erscheinungsformen eines uns grundsätzlich entzogenen Gottes. Die Folge wäre: Wir hätten es im Offenbarungs- und Heilsgeschehen nie wirklich mit Gott, sondern nur mit nichtgöttlichen Vermittlungen zu tun; und diese würden trotz ihrer vermittelnden Funktion den unüberbrückbaren Abstand zwischen Gott und Mensch noch einmal mehr betonen, ja geradezu definitiv machen. Aber eben dies widerspricht genau der neutestamentlichen Urerfahrung: Gott steht nicht über oder hinter einem – ihn letztlich gar nicht berührenden – Offenbarungsgeschehen, sondern er offenbart sich darin wirklich *als er selbst*. So wie er uns in der Geschichte begegnet, ist er auch in Wahrheit und Wirklichkeit. Und in dieser Begegnung mit dem sich selbst mitteilenden Gott geht auf, dass er durch innere Differenzierungen charakterisiert ist, dass der eine Gott eine Beziehungseinheit ist, ein Gott, der Leben ist, und als solcher personale Verschiedenheit und Einheit, beides gleichursprünglich, in sich birgt. Gerade deshalb können wir auch in diesen Beziehungsraum der drei Personen, in denen sich das göttliche Leben vollzieht, aufgenommen werden. Ja, wir stehen, da Gott im Christusgeschehen schon in letzter Radikalität auf uns zugegangen ist, bereits »mitten drin«. Um es anschaulich zu formulieren: Gott ist

- der uns entzogene, unendlich erhabene Gott »*über uns*«: der Vater, der gleichwohl sich uns ganz mitteilen will;
- der Gott »*vor uns*« und »*neben uns*«: Jesus Christus, das Wort Gottes, das uns anspricht, der Herr, der uns vorangeht, unser Bruder, der mitgeht;

- der Gott »*in uns*«, der Heilige Geist, der von innen her Gottes Wort verstehen lehrt, der für das göttliche Leben öffnet und uns zur Antwort befähigt.

So stehen wir nicht einem einsamen, uns verschlossenen Gott *gegenüber*, sondern im Vernehmen und Verstehen seines Wortes sowie im Antwortgeben darauf stehen wir mitten im dreipersönlichen »Beziehungsgefüge« dieses Gottes. Indem er sich in Jesus Christus und im Heiligen Geist mitteilt, gibt er uns schon Anteil an seinem drei-einen göttlichen Leben.

Der Gott der Christen ist also kein »deistischer« Gott, d. h. ein Gott, der als einsame Monade in erhabener Transzendenz fern von uns über allem Geschehen thront, sondern ist der Gott, der uns von Anfang an, in die Gemeinschaft seines Lebens hineingeschaffen hat und im geschichtlichen Prozess seiner Selbsterschließung uns mehr und mehr in diese Gemeinschaft hineinziehen will.

Mit dieser Erörterung sind wir bereits über die unmittelbare neutestamentliche Erfahrung hinausgegangen und haben schon den Weg des Nach-Denkens über das trinitarische Offenbarungsereignis eingeschlagen. In der Tat war – auch geschichtlich gesehen – die auf dem Christusereignis basierende Urerfahrung des biblischen Glaubens so umwerfend, dass sie vor allem in den ersten fünf Jahrhunderten, aber im Grunde bis heute, einen Prozess intensivster Reflexion auslöste, einen Prozess, der nicht zuletzt zu einer »Revolution im Seinsverständnis« führte.

»Revolution im Seinsverständnis«

Die Formulierung »Revolution im Seinsverständnis« findet sich wörtlich oder der Sache nach bei einer Reihe heutiger Theologen. Was ist damit gemeint? Dazu müssen wir ein wenig ausholen.

Das griechische Denken, in dessen Rahmen sich die Philosophie des Altertums sowie das Interesse des Menschen von damals bewegte und in dessen Horizont sich auch das christliche Glaubenszeugnis der ersten Jahrhunderte verständlich machen musste, war primär an der Frage nach der Einheit und nach dem bleibend-unveränderlichen Wesen der Wirklichkeit interessiert.

Zur Frage nach der Einheit: Es ist unbestreitbar, dass, soll alles vernünftig zugehen, jede Vielheit auf eine Einheit zurückzuführen bzw. an eine solche zurückzubinden ist. »Das viele ohne das eine zu denken, ist eine Unmöglichkeit«, bemerkt schon Platon (Parmen. 166 b 1). Und in der Gegenwart konkretisiert Walter Kasper diesen Grundsatz so: »Ohne eine ... alles umfassende Einheit in der Vielfalt der Wirklichkeit ... wäre die Welt nur ein aufs Geratewohl umgeschütteter Kehrichthaufen ohne Ordnung und ohne Sinn«[12]. Ja, wir wissen aus eigener Erfahrung: Überall da, wo uns vieles und Vielfältiges begegnet, fragen wir sozusagen spontan nach den Einheiten, aus denen das viele besteht, bzw. nach dem Einheit gebenden Wesen oder der Einheit gebenden Struktur, welche das Vielfältige trägt und ermöglicht. So gesehen ist die Frage nach der Einheit ein Erfordernis *allen* Denkens und *allen* Umgangs mit der Wirklichkeit.

Doch das antike griechische Denken ging noch einen Schritt weiter: es neigte dazu, sich so sehr von der Frage nach der Einheit in den Bann ziehen zu lassen, dass es das viele und Vielfältige abwertete, es als Scheinwirklichkeit, als uneigentliche Verhüllung der eigentlichen, nämlich der *einen* Wirklichkeit betrachtete und es damit tendenziell zum Verschwinden brachte. Gewiss, auch dahinter steckte die Not des Menschen, weit weg von – und in diesem Sinn »hinter« – der verwirrenden, oft widersprüchlichen und chaotischen Vielfalt des Lebens und der Welt letzten Grund und Halt, Stand und Stabilität, Ordnung und Frieden *im Einen* zu finden, um überhaupt bestehen zu können. Doch tendierte die Überakzentuierung der Einheit dahin, alles viele und Vielfältige als *Schein* zu betrachten oder auch als eine dem Einen gegenüber ganz untergeordnete, geradezu verdünnte, sich dem Nichts nähernde Wirklichkeit.

Diese Art des Denkens lässt sich sehr eindrücklich illustrieren an der wohl bezeichnendsten Metapher des sogenannten Neuplatonismus, nämlich dem Bild einer brennenden Kerze: Die eigentliche und wahre Wirklichkeit des Lichtes ist nur die eine und einzige Kerzenflamme; diese verbreitet und vervielfältigt ihr Licht im Raum um sich herum. Aber dieses Licht ist nur schwacher Abglanz der Lichtquelle und wird, je weiter man von der Flamme entfernt ist, umso schwächer und schwächer; es tendiert zum Nichts; denn irgendwo in einer hinlänglich großen Entfernung gibt es überhaupt kein Licht mehr. So verhält es sich nach neuplatonischer Vorstellung auch mit dem Kosmos, mit der Welt: Eigentlich wirklich ist nur das eine Göttliche. Alles, was es außerdem noch gibt, »das viele«, und dazu gehören Götter und Menschen, Tiere und Pflanzen, Dinge und Beziehungen usw. sind nur ganz untergeordnete, mit Schatten und Dunkelheit vermischte Formen des einen und einzig wahren Wirklichen. So wird die Vielheit disqualifiziert, abgewertet gegenüber der Einheit. Alles dreht sich nur um diese. Das ganze Leben der Menschen ist darauf angelegt, sich aus der bedrängenden, oft so widersprüchlichen Vielheit

und Vielfalt zu befreien, und zwar auf ganz unterschiedliche Weise:
- durch asketischen Rückzug aus der Welt des Pluralen, Zerstreuenden und verwirrend Vielfältigen,
- durch philosophisches Denken, das dem vielen durch Reflexion auf den (einen!) Grund geht,
- durch eine ästhetische, den Schein des vielen auf den Grund des Seins hin durchdringende Erfahrung,
- durch kontemplative religiöse Versenkung (contemplare = zusammensehen, d. h. das viele und Vielfältige auf das Eine hin betrachten).

Wie auch immer: Je mehr etwas eins ist und je mehr diese Einheit entdeckt wird, umso mehr – dachte man – partizipiert es am Göttlichen, am Ur-einen, das ganz in sich selbst steht, keine Andersheit in sich birgt, ganz für sich und in sich ist und west. Entsprechend hat am allerwenigsten Wirklichkeit all das, was mit Beziehung zu tun hat. Denn zur Beziehung gehört ja notwendig Vielheit, gehören wenigstens zwei, die miteinander in Relation stehen. Das wahre und wirkliche Sein schließt deshalb Beziehung aus; wahres und wirkliches Sein heißt für das antike Denken »In-sich-Sein« und »Für-sich-Sein«; wahres Sein ist – in einem (philosophischen) Wort gesagt – substanzielles Sein.

Damit sind wir schon beim zweiten, damit zusammenhängenden Charakteristikum des antiken griechischen Denkens: Dieses hat nicht nur seinen Brennpunkt in der Frage nach der Einheit, sondern auch in der Frage nach dem, was in allem Wandel und Werden *bleibt*, unveränderlich bleibt. Diese zweite Frage hängt ganz eng mit der ersten zusammen. Denn alles, was Vielheit und Vielfalt an sich trägt, verändert sich auch: entweder ist es einmal so und einmal anders, oder es tut sich einmal mit dem einen und einmal mit dem anderen zusammen und bildet so immer neue Variationen und Differenzierungen, ja Widersprüche heraus, die der Sehnsucht des Menschen, festen Halt, bleibendes Zuhause, harmonischen Frieden zu finden, widerstreiten. Deswegen richtet sich das Suchen auf das, was allem Wandel enthoben ist. Und dies ist schließlich und endlich das göttlich Eine, die in sich ruhende oberste Monade (= höchste einfache, in sich geschlossene, unteilbare Einheit), die, unbeweglich in sich selbst kreisend, der Welt des Werdens und des vielen in absoluter Erhabenheit und Transzendenz gegenübersteht. Es ist die höchste, sich selbst besitzende Substanz, weitab über allen Niederungen des Nichtgöttlichen.

Unter dieser Perspektive also ging man in der griechischen Antike an die Realität heran, suchte sie zu verstehen und zu ergründen sowie einen Lebenssinn in ihr zu verwirklichen.

Durch das Christusgeschehen kommt nun in dieses Seins-, Gottes- und Lebensverständnis sozusagen Bewegung. In der christlichen Offenbarung zeigt sich ja: Gott ist nicht höchste, in sich geschlossene Substanz, die eine, unberührbare, unbewegliche Monade, sondern sich mitteilendes Leben, Beziehung, Communio. Das, was bei Aristoteles den geringsten und schwächsten Seinsbestand hat, die Beziehung, wird vom christlichen Glauben her als das wahre Wesen allen Seins entdeckt: Sein ist Beziehung, Mitsein, Miteinandersein, »Vernetztsein«. Und so wird verständlich: Das eine höchste, göttliche Sein ist eine *Gemeinschaft* von drei Personen.

Diese Einsicht aber war so neu, so erstaunlich und unerwartet, dass sie sich erst allmählich im christlichen Glauben durchsetzen und das Denken in Beschlag nehmen konnte. Selbst da, wo Glaube und Theologie eindeutig den Trinitätsgedanken zur Geltung brachten, trat immer wieder auch die Einheitsidee in den Vordergrund.

Dies geschah in der östlich-orthodoxen Theologie dadurch, dass der Vater als der Einheitsgrund, als »Quelle« und »Ursprung« der Trinität verstanden wurde, aus dem »dann« (nicht zeitlich, sondern ontologisch, d. h. gemäß der Seinsordnung verstanden) die anderen göttlichen Personen hervorgehen. Demgegenüber betonte die spezifisch westliche Theologie eher (aber nicht ausschließlich) die eine Wesenheit Gottes, die sich »dann« (wiederum nicht zeitlich, sondern ontologisch verstanden) gewissermaßen in die drei Personen »auffächert«.

Nach und aufgrund von zahlreichen Ansätzen in der Vergangenheit wird erst in der Gegenwart von einer Reihe von Theologen (keineswegs von allen) eine eindeutig »communiale« Sicht des drei-einen Gottes vertreten, eine Sicht, die auch in den folgenden Ausführungen leitend sein wird.

Gott ist Gemeinschaft

Die Formulierung der Überschrift dieses Abschnitts ist vielleicht ungewohnt, und sie kann auch gründlich falsch verstanden werden, wenn man sich unter Gemeinschaft etwa drei selbständige, in sich geschlossene Personen vorstellen würde, die sich zusammentun, gewissermaßen »addieren« zu einer Art von »Göttergemeinschaft«. Das ist natürlich ganz und gar nicht gemeint. Hier darf unsere menschliche Erfahrung nicht auf Gott projiziert werden. *Für uns* ist es so, dass Gemeinschaft entsteht, wenn bis dahin selbständige Personen Beziehung miteinander aufnehmen und im Vollzug ihrer Gemeinschaft auch selbständige Personen bleiben. So kann es in Gott nicht sein. In Gott sind nicht drei, die *dann* aus ihrem Selbstsein heraus in Beziehung zueinander treten. Vielmehr ist die Einheit Gottes eine über allem Begreifen liegende, ursprüngliche Beziehungseinheit der Liebe, in der die drei Personen sich gegenseitig das eine göttliche Leben vermitteln und in diesem Austausch sich sowohl als unterschieden wie auch als zuhöchst eins erweisen. Einheit der Beziehung, der Liebe, und nicht Einheit der Substanz oder eines Kollektivs: das ist die neue christliche Einheitsidee, die in der Offenbarung des drei-einen Gottes aufleuchtet! In diesem »Aufleuchten« geht aber zugleich auf, dass auch der vom Chaos des Vielfältigen, Verwirrenden und Zerstreuenden betroffene Mensch genau nach einer *solchen* Einheit zutiefst sucht. Wenn wir Einheit, Harmonie, Frieden und Übereinstimmung ersehnen, erstreben wir im Grunde gar nicht die Einheit einer Monade oder einer Substanz, eines Systems oder eines Kollektivs, das als »ein und alles« am liebsten alle Unterschiede, Konflikte und Spannungen als Schein entlarven oder einebnen oder verschlingen will. Nein, wir ersehnen letztlich die Einheit lauterer Liebe, einer Liebe, »die, indem sie nichts anderes ist als sie selber, gerade in sich selbst Beziehung und Gemeinschaft ist«[13]. Und solche Einheit ist in Gott verwirklicht und zu finden. Er ist ursprüngliche Beziehungseinheit der Liebe, genauer noch: ein *Vermittlungsgeschehen* von drei Personen, die in vollendeter Liebe ihr gemeinsames göttliches Leben vollziehen.

Das meint auch ursprünglich der Begriff Communio. Dieses lateinische Fremdwort darf nicht ohne weiteres mit dem statischen Begriff einer (beständigen) »Gemeinschaft« übersetzt werden, vielmehr ist Communio ein *Geschehen*; sie ist ein Prozess, in welchem die verschiedenen einzelnen, indem sie sich gegenseitig an ihrem Leben Anteil geben und so ein gemeinsames Leben vollziehen, gerade in ihrer Verschiedenheit Einheit finden. Communio ist also eine Einheit, die ihren Gegensatz, nämlich Vielheit, nicht außerhalb ihrer selbst hat, sondern in sich trägt: die Einheit der Communio ist gerade jene Einheit, welche Kommunikation von verschieden bleibenden »vielen« meint. Communio ist die Vermittlung von Identität und Differenz: von Unterschiedenheit, die auf Einheit hin ist, von Einheit, die sich gerade im Zusammenspiel der vielen vollzieht.

In Bezug auf den trinitarischen Gott haben dies schon die großen kappadozischen Theologen des 4. Jahrhunderts so gesehen. Sie haben formuliert: Das Leben Gottes ist gewissermaßen ein »Pulsieren«, gemäß dem »aus Einheit Dreiheit und aus Dreiheit wieder Einheit wird«[14]. Der Sache nach ist damit etwas von dem zum Ausdruck gebracht, was später in den theologischen Fachbegriff der »Perichorese« (deutsch etwa: gegenseitiges Umfangen und Durchdringen) gefasst wurde. Perichorese ist ursprünglich ein Wort, welches aus der Welt des Tanzens (»Umtanzen«) stammt: Einer umtanzt den anderen, der andere umtanzt den einen. Auf die Trinität gewendet heißt das in metaphorischer Sprache: Die drei göttlichen Personen stehen in solcher Gemeinschaft, dass sie nur als »gemeinsame Tänzer« in einem gemeinsamen Tanz vorgestellt werden können: Der Sohn ist ganz im Vater und mit dem Vater, der Vater ganz im Sohn und mit dem Sohn, und beide finden ihre Einheit durch das Band des Geistes. So tanzen sie den einen gemeinsamen Tanz des göttlichen Lebens. Was dem einen gehört, gehört auch dem andern, was der eine hat, besitzt auch der andere, was der eine vollbringt, vollzieht er zusammen mit den andern und in den andern. »Nur indem Vater, Sohn und Geist ineinander sind, ›nichts anderes‹ sind als gegenseitige Beziehung und Ineinandersein, ist das eine und selbe und unteilbare göttliche Wesen in ihnen und sind sie in ihm«[15].

Das entspricht den Aussagen des Johannesevangeliums, das in seinem »Prolog« von einer überzeitlichen Beziehung engster Liebe des Sohnes zum Vater spricht: Er ist »der Einzige, der Gott ist und am Herzen des Vaters ruht« (Joh 1,18). Und weil die Liebe so »durchdringend« ist, kann Jesus sagen: »Was der Vater tut, das tut in gleicher Weise der Sohn« (5,19), und: Die Jünger sollen erkennen und anerkennen, »dass in mir der Vater ist und ich im Vater bin« (10,38). Entsprechend spricht Jesus selbst zum Vater: »Alles, was mein ist, ist dein, und was dein ist, ist mein« (17,10). So sind Jesus und der Vater »perichoretisch« ganz eins. Ähnlich ist und wirkt auch der Geist das, was ihm eigentümlich ist und ihn von den andern Personen unterscheidet, nicht separat, für sich, sondern »er geht vom Vater aus« (15,26) und wird – sagt Jesus – »von dem nehmen, was mein ist, und es euch verkünden« (16,14). Kurz: Niemals ist nur *eine* der göttlichen Personen am Werk. *Trotz*, oder viel besser: *in* ihrer gegenseitigen Liebesbeziehung sind sie radikal geeint, durchdringen sie sich ganz und gar.

Die Grundlagen trinitarischen Glaubens

Dies alles sind zwar *Glaubens*aussagen. Diese können aber *anfanghaft* im Blick auf Erfahrungen, die wir in zwischenmenschlichen Beziehungen machen, durchaus plausibel, ja nachprüfbar werden. So deckt Thomas von Aquin in einer phänomenologischen Betrachtung menschlicher Liebe auf: »Weil die Liebe den Liebenden in den Geliebten ›transformiert‹, lässt sie den Liebenden in das Innerste des Geliebten (und umgekehrt) eintreten, so dass nichts vom Geliebten aus der Einigung mit dem Liebenden ausgeschlossen bleibt ...«[16]. Liebe fügt also die Liebenden, obzwar sie verschiedene Menschen sind, zu einer untrennbaren und nicht aufteilbaren Einheit zusammen. Doch bleibt unter uns Menschen eine Differenz zwischen dem einigenden *Akt* bzw. *Vollzug* der Liebe und dem selbständig bleibenden *Sein* der Liebenden. Denn auch wenn die Liebenden im Geschehen, im Vollzug der Liebe »ein Fleisch«, d. h. ganz eins werden, so bleiben sie doch außerhalb des aktuellen Vollzugs zwei separate, einander gegenüberstehende, gesonderte Subjekte. Das »muss« in Gott anders sein, da es in ihm keine Differenz zwischen Akt und Sein gibt: In und durch die Liebe, die zwischen den göttlichen Personen herrscht, geschieht *sowohl* höchste Unterscheidung der Personen (weil Liebe die Unterschiedenheit der Liebenden fordert) *wie auch* höchste Einheit (gegenseitige Durchdringung).

Anders gesagt: Die Personen in Gott sind durch ein derartiges In-Beziehung-Sein ausgezeichnet, dass dieses sie sowohl unterscheidet wie auch zusammenbringt. Das, was der einzelnen göttlichen Person je besonders zukommt, ihre »Eigentümlichkeit«, das also, was sie als »Vater«, »Sohn« oder »Heiliger Geist« kennzeichnet,[17] kommt ihr zwar aus dem gemeinsamen »Beziehungsgefüge« zu, und doch ist ihre Besonderheit nichts

»Exklusives«, etwas, was sie von den andern unter-«scheidet«, im Sinne von trennt, absondert, vereinzelt, vielmehr hat sie es in der Weise zu eigen, dass es durch sie zugleich auch den andern zukommt und mit dem Besonderen der andern sich zum Ganzen des göttlichen Lebens fügt.

Dieser Sachverhalt lässt sich für uns anschaulich am Beispiel des Leibes verdeutlichen. Jedes Organ, jedes Glied, hat eine bestimmte, ihm eigentümliche Funktion. Nehmen wir etwa die Lunge: sie ist für die Sauerstoffversorgung im Leib zuständig. Aber diese ihre »Besonderheit« *ist* nur, weil sie *für das Ganze* des Leibes ist. Durch die Lunge wird letztlich und endlich alles mit dem lebenswichtigen Sauerstoff versorgt. Das »Besondere« wird im Organismus zum »Allgemeinen«. Umgekehrt betrachtet würde aber auch die Eigentümlichkeit der Lunge nicht sein, wenn ihre »Besonderheit« nicht vom »Allgemeinen« des Leibes begründet und getragen wäre. Das organische Leben eines Leibes ist ein schwaches Bild für (inter)personales Leben und Wirken: Was der eine an Besonderem hat, hat er für den/die andern, das hat er aber auch – jedenfalls zu einem guten Teil – von ihnen her (beim Menschen: von Eltern, Erziehung, Umwelt, Gesellschaft).

Das, was wir also anfanghaft auch in unserer geschöpflichen Wirklichkeit erkennen können, wird uns vollends im Blick auf den drei-einen Gott eröffnet: Was »Sein«, »Wirklichkeit«, »Realität« zutiefst ist, zeigt sich in Gott als radikalstes Bezogen-Sein, In-Beziehung-Sein.[18] Ja, was solche Beziehung in letzter Konsequenz bedeutet, wurde überhaupt erst und wird weiter am trinitarischen Gott offenbar.

Damit hat sich noch einmal mehr geklärt, was »Revolution im Seinsverständnis« bedeutet: Der Glaube an den trinitarischen Gott verändert das ganze Wirklichkeitsverständnis. Es geht nicht mehr um die Einheit der Substanz, um das In-sich-Sein und das Für-sich-Sein, es geht auch nicht um das Kollektiv-Sein, in dem alle Unterschiede »eingebuttert« werden, sondern vom drei-einen Gott her eröffnet sich die Beziehungswelt der Person als das entscheidende Paradigma, um Wirklichkeit zu verstehen und sich in ihr zurechtzufinden. Als tiefstes Wesen der Realität zeigt sich die Relation, das In-Beziehung-Sein. Die höchste und eigentliche Wirklichkeit sowohl im geschöpflichen wie erst recht im göttlichen Bereich ist das Miteinander-Sein.

Dabei sind In-sich-Sein und Miteinander-Sein nicht eigentlich Gegensätze, und beides steht auch nicht im umgekehrten Verhältnis zueinander im Sinne von: Je mehr ich Ich bin, umso weniger bin ich von anderen abhängig und auf andere hingeordnet, nein, beides ist direkt proportional: Ich bin umso mehr Ich selbst, als ich für andere ein Du bin und mit ihnen in Beziehung stehe, und umgekehrt. Ich brauche also keine Angst zu haben, dass mein Ich, mein Selbstand in Gefahr gerät, wenn ich mich in und auf Beziehungen einlasse. Handelt es sich wirklich um personale Beziehungen (und nicht um ein unreifes Anhängselsein an andere oder um Flucht in die Symbiose mit anderen, gleich der urkindlichen Symbiose im Mutterschoß), so gewinne ich gerade in Beziehungen den eigentlich reifen, personalen Selbstand. Zwar bleibt im geschöpflichen Bereich, also unter uns Menschen, eine ständige Differenz zwischen Ich-Sein (bzw. In-sich-Sein) und Für-andere-Sein, zwischen Substanz-Sein und Beziehung-Sein. Aber wenn beides grundsätzlich direkt proportional ist, lässt sich mindestens anfänglich verstehen und es nicht als Widerspruch erscheinen, dass die Personen in Gott gerade dadurch je sie selbst sind, dass sie ganz und gar voneinander her und aufeinander hin sind und so die untrennbar eine Gottheit ausmachen. Eins-sein und Drei-sein in Gott widersprechen sich – so gesehen – überhaupt nicht, wie Goethe und vor ihm und nach ihm viele andere meinten. Gott ist gerade insofern einer, als er ein unauflösbares personales, besser: interpersonales Beziehungsgefüge ist. Das eine göttliche Wesen existiert nur im Lebensaustausch von Vater, Sohn und Geist. Jede der göttlichen Person ist ganz auf die andere hin und von ihr her, und zwar in strikter Gegenseitigkeit, indem jede zugleich gibt und empfängt. Die Personen in Gott haben also keinen Selbst-Stand gegeneinander, sondern was sie sind, sind sie nur im Voneinanderher, Miteinander und Aufeinanderhin.

Von daher tritt auch erst der Spitzensatz des Neuen Testaments in sein volles Licht: »Gott ist die Liebe« (1Joh 4,16). Wenn nämlich der eine Gott die Liebe ist, dann sind die drei Personen gleichsam die »Knotenpunkte«, zwischen denen sich der Rhythmus der Liebe vollzieht: Geben – Empfangen – Zurückgeben (und in diesem Zurückgeben: zur Einheit Zusammenführen). Alle drei Personen sind damit – wie Hans Urs von Balthasar zutreffend formuliert – »die eine und selbe Liebe in drei Seinsweisen, die unentbehrlich sind, damit in Gott überhaupt Liebe, und zwar ... höchste selbsloseste Liebe sein kann«[19]. Der eine Gott ist das eine Liebesspiel, das sich zwischen den drei Personen ereignet: Lieben, Geliebtwerden, Mitlieben.

Vielleicht stellt sich hier aber die Frage, wieso es in Gott (nur bzw. gerade) drei Personen sind, die im Austausch des Lebens und der Liebe stehen, warum nicht vier, fünf ... Auch wenn wir das Wesen des unendlichen Gottes nicht und niemals ergründen können und deshalb auf das Faktum der Selbstoffenbarung Gottes in drei Personen verwiesen sind, gibt es doch die Möglichkeit des behutsamen Nach-Denkens, um uns dem Geheimnis Gottes von fern zu nähern.

Zur Beantwortung der eben aufgeworfenen Frage hat bereits ein großer mittelalterlicher Theologe, Richard von St. Viktor, einen einsichtigen Weg aufgezeigt: Wenn Gott vollkommene Liebe ist, so bedarf diese zunächst einmal zweier gleichrangiger »Partner«; das wissen wir aus unserer eigenen Erfahrung. Aber die Liebe unter zweien kann noch nicht die höchste Verwirklichung der Liebe sein. Dazu muss sich das eigene Lieben und Geliebtwerden, also die gegenseitige Liebe, noch einmal öffnen für einen Dritten. Er schreibt:

> »Wo zwei ... sich einander in gegenseitiger Liebe umarmen und jeder in dieser gegenseitigen Liebe höchste Lust findet, da liegt der Gipfel der Freude gerade in der innigsten Liebe des anderen, und umgekehrt: der Gipfel der Freude des anderen in der Liebe des ersten. Solange dieser aber in Ausschließlichkeit vom anderen geliebt wird, bleibt er der einzige Besitzer seiner süßen Lust, ebenso wie auch der andere. Solange sie keinen Mitgeliebten haben, kann das Beste der Freude eines jeden nicht zur Gemeinsamkeit werden. Damit beide in ihrer Freude kommunizieren können, bedürfen sie eines Mitgeliebten«[20].

Man kann diesen Gedankengang Richards so verschärfen: Aus unserer Erfahrung wissen wir, dass exklusive Liebe zwischen zweien sehr leicht in einen Egoismus zu zweit umschlagen kann. Jeder genießt *sich selbst* im andern und durch den andern. Der andere ist gewissermaßen nur Mittel und Spiegelung des eigenen Narzissmus. Erst die gemeinsame Beziehung, das gemeinsame »Überströmen« zu einem Dritten, welcher oder welches das, was die beiden je für sich erfahren, von beiden mitgeteilt erhält, vermag das Nur-Egoistische der Liebe aufzubrechen. Dieses/dieser »Dritte« kann sein – vor allem! – eine Person (das gemeinsame Kind, der gemeinsame Freund, die gemeinsame Gottesbeziehung), dann aber auch der gemeinsame Beruf, das gemeinsame Hobby, gemeinsam angepeilte Ziele. Wie auch immer: Erst an einem »Dritten« und angesichts dessen konstituieren sich Ich und Du zum gemeinsamen Wir. Deshalb ist also nicht das Ich-Du-Verhältnis, also das »Dialogische«, das Grundelement wahrer Liebe, sondern das Ich-Du-Er(Sie/Es)-Verhältnis, also das »Trialogische«.

Diese unserer Erfahrung entnommene Phänomenologie der Liebe ist nun gewiss kein »Beweis« dafür, dass es sich so auch in Gott verhalten muss, aber sie bietet doch einen anschaulichen Verstehenszugang zum »trialogisch-trinitarischen« Wesen Gottes.

Die verschiedenen Personen in Gott

Der gerade angeführte phänomenologische Zugang lässt uns auch die Verschiedenheiten bzw. Eigentümlichkeiten der Personen in Gott nach-denkend besser verstehen.

Zunächst einmal wird plausibel, dass dem *Heiligen Geist*, als dem »Dritten« gerade die Besonderheit zukommt, sowohl das »Band der Einheit« zu sein, das Vater und Sohn zum gemeinsamen Wir verbindet, *wie auch zugleich* der »Faktor«, welcher die Liebe, die Gott in sich ist, über Ich und Du hinaus überströmen lässt; zunächst einmal in Gott selbst, aber dann auch in die Schöpfung und in unser Herz hinein (»Die Liebe Gottes ist ausgegossen in unsere Herzen durch den Heiligen Geist«: Röm 5,5). Im Geist, dem »Dritten«, der einend zusammenschließt und überströmen lässt, ist somit Gott erst wahrhaft »die Liebe«.

Weil im Heiligen Geist die Liebe, die Gott ist, ihre Vollendung findet, ist »Geist« nicht nur der Name der dritten Person, sondern auch die Bezeichnung Gottes überhaupt. So heißt es z. B. in Joh 4,24: »Gott ist Geist«. Deshalb kann der Heilige Geist auch hinter dem Wir vom Vater und Sohn zurücktreten (so etwa in Joh 17,21ff.), weil er »Garant« dieses Wir *ist* und nur dann ausdrücklich zur Sprache kommen muss, wenn auf die Ermöglichung dieses Wir reflektiert wird.

Gegenüber dem Heiligen Geist ist der *Vater* in der »Rhythmik der Liebe« die »Ur-Gabe«, das unfassbar-abgründige Geheimnis des Sich-Verschenkens. Und darum ist er es, welcher der ganzen göttlichen Communio als Geschehen der Liebe Grund und Halt gibt. Wenn die Person des Vaters darin ihre Eigentümlichkeit hat, dass sie ihr göttliches Leben nur im Sich-Verschenken besitzt, so folgt daraus, dass auch er seine »Identität« von den beiden andern Personen her gewinnt. Denn nur in der Annahme wird ein Geschenk zum Geschenk. Nur von den andern her und auf sie hin ist der Vater Vater.

Der *Sohn* hat in der »Rhythmik der Liebe« die Eigentümlichkeit, dass er »Dasein im Empfang« ist (von Balthasar). Er nimmt sein Gottsein vom Vater entgegen. Indem aber dessen Gabe in ihm, im Empfang durch ihn, in das Gegenüber zum Vater tritt und damit »anders« wird, gewinnt sie in diesem Anderswerden auch neue Gestalt und äußersten Ausdruck ihrer eigenen Möglichkeiten; im Sohn wird die Gabe gewissermaßen »ausdrücklich«, »worthaft«, »offenbar«. Zugleich lässt der Sohn, indem er sich vom Vater her empfängt, dessen Gabe ans Ziel kommen, er erkennt sie dankbar an, gibt sie damit zurück und lässt so den Vater Vater sein. Aber er gibt auch (zusammen mit dem Vater) die Gabe göttlichen Lebens und Liebens an den Geist weiter, der – wie wir sahen – seinerseits Vater und Sohn zusammenschließt und deren Liebe überströmen lässt.

Für all diese Bestimmungen, die je die Besonderheit der einzelnen Personen zu erfassen suchen, lassen sich Hinweise aus der Heiligen Schrift anführen. Doch wichtiger als jedes Detail ist hier, dass jede Person, gerade auch in ihrer Eigentümlichkeit, ihr göttliches Leben von den andern her und auf sie hin besitzt. Sie ist, was sie ist, in einem Vermittlungsgeschehen, in welchem sie sich im höchsten Sein, in Gott, (und – wie wir noch sehen werden – in Abschattungen auch im geschaffenen Sein) als Mit-Sein, als »Knotenpunkt« im Netzwerk der Liebe erweist.

Der Schweizer Schriftsteller Kurt Marti hat dies in dichterischen Worten so formuliert:

> »Gottes Sein blüht gesellig …
> als Gemeinschaft,
> vibrierend, lebendig,
> beziehungsreich …
> Kein einsamer Autokrat jedenfalls,
> schon gar nicht Götze oder Tyrann!
> Eine Beziehungskommune vielmehr,
> einen für den andern,
> ›dreifach spielende Minneflut‹ …
> Mich stellt's jedenfalls auf,
> Gott als Beziehungsvielfalt zu denken,
> als Mitbestimmung, Geselligkeit,
> die teilt, mit teilt, mit anderen teilt:
> ›Die ganze Gottheit spielt
> ihr ewig Liebesspiel‹ …«[21].

Zu ergründen ist dies von uns letztlich nicht und braucht es auch nicht. Viel wichtiger ist die grundsätzliche Einsicht, dass Gott Communio/Gemeinschaft ist, Beziehung, Liebe, sich verströmendes Leben.

Dieses Gottesbild, das in der christlich-neutestamentlichen Grunderfahrung aufleuchtet und zu einer neuen Sicht der Wirklichkeit führt, hat nun eine ungeheure Wirkungsgeschichte gehabt, die das Wort Kants, dass man aus der Trinitätslehre »nichts Praktisches« machen könne, als schlechthin falsch erweist. Solche Konsequenzen, die sich sowohl auf das Selbstverständnis des Menschen und seiner Welt wie auf das praktische Tun und Verhalten wie – nicht zuletzt! – auf das Begreifen des christlichen Glaubens in seinem inneren Zusammenhang und seiner Dialogfähigkeit beziehen, sollen nun im Folgenden an einigen Beispielen aufgezeigt werden.

Konsequenzen

Konsequenzen

Menschsein im Bild des drei-einen Gottes

Es lässt sich zeigen, dass das abendländische Personverständnis ganz wesentlich von der biblischen Gottesoffenbarung her geprägt ist. Nicht dass das Personsein des Menschen erst aufgrund des Glaubens aufgegangen wäre. Das nicht! Schon vorher, in der antiken philosophischen Tradition, entdeckte man, dass der Mensch ein geistiges Individuum ist, das durch Selbstbesitz und Selbstreflexion, durch freie Selbstverfügung und sittliche Verantwortung ausgezeichnet ist. Doch werden in der Heiligen Schrift – mit Verweis auf die göttliche Offenbarung – die Einmaligkeit des Menschen und sein einzigartiges In-Verantwortung-Stehen (vor Gott und der Mitwelt) erheblich radikalisiert.

Das ist im Übrigen nicht besonders erstaunlich. Denn es ist eine uralte Einsicht, dass das Verständnis, das der Mensch von sich selbst hat, aufs Engste mit seinem Glauben und dem entsprechenden Gottesverständnis verknüpft ist. Der Mensch entdeckt, wer er ist, gewissermaßen »auf dem Umweg« über die jeweilige Erfahrung und Kenntnis vom Göttlichen. So schreibt schon um das Jahr 200 der antike Schriftsteller Minucius Felix: »Man kann das Wesen des Menschen nicht erkennen, wenn man nicht vorher das Wesen der Gottheit sorgfältig untersucht hat«[22]. Gottesbild und Menschenbild entsprechen sich aufs Allerengste.

Im Alten Testament stellt sich dies so dar: Anders als das antike philosophische Denken, das – wie schon erwähnt – dazu neigte, durch die Oberfläche des »vielen« hindurch zum Einen und Allgemeinen durchzustoßen und diesem, nicht dem einzelnen, den Primat zu geben, sieht die Bibel den Menschen in seiner je konkreten Besonderheit und Einzigartigkeit. Und diese kommt ihm zu, weil der Mensch vom lebendigen, in die

Geschichte eingreifenden Gott angesprochen wird. Dadurch erhält »das Individuum, das das Wort empfängt, eine neue Qualität: die der *einmaligen Person* ... Die Person leuchtet im Individuum dort auf, wo sie vom schlechthin einmaligen Gott ihren ebenso schlechthin einmaligen ... Namen zugesprochen erhält«[23].

So ist schon im Alten Testament der einzelne nicht nur »ein Fall von Mensch«, der – wie im Griechentum – »nicht erwarten [darf], von der Gottheit wahrgenommen zu werden«[24], sondern etwas ganz und gar Einmaliges: durch den Anruf eines willentlich handelnden und deshalb selbst »personal« erscheinenden Gottes wird er zur Person. Dies verstärkt sich noch in der späten alttestamentlichen Zeit, wo nach der Zerschlagung der Eigenstaatlichkeit Israels der einzelne in den Vordergrund des Glaubensdialogs mit Gott tritt. Dieser Prozess der »Individualisierung« geht dann weiter in der »unendlichen Bedeutung«, die Jesus dem einzelnen zukommen lässt, und in seinem Nachfolgeruf, der den Angesprochenen jenseits aller bis dahin geltenden gesellschaftlichen Bindungen in den Dienst am Evangelium stellt (vgl. z. B. Lk 9,58f.).

Besteht der Beitrag der alttestamentlichen Offenbarung in der Entdeckung der Besonderheit und Einmaligkeit des Menschen, so geht von der neutestamentlich-trinitarischen Erfahrung noch einmal etwas ganz Neues auf: Gott ist der Lebendige nicht nur, indem er den Menschen anredet, Gemeinschaft mit ihm eingeht und Beziehungen knüpft, Gott ist auch *in sich selbst* Communio und Communicatio; sein eigenes machtvolles Personsein verwirklicht sich im Beziehungsnetz dreier göttlicher Personen. Gemäß der anfangs dargelegten Entsprechung zwischen Gottesbild und Menschenbild konnte es deshalb nur eine Frage der Zeit sein, dass man entdeckte: Auch menschliches Personsein ist als Bild göttlichen Personseins nicht nur und nicht vorrangig durch substantielles Ich-Sein bzw. In-sich-Sein geprägt, durch Selbstbezug, sondern durch *Beziehung* von anderen her – auf andere hin. Person im Vollsinn ist und wird man durch gegenseitige freie Anerkennung, im Miteinander-Sein und Füreinander-Sein. Der andere gehört also wesentlich zum eigenen Personsein hinzu. Im anderen und durch den anderen gewinne ich mich selbst, wird mein Leben erst reich, erfüllt und vollendet. Eben dies lässt sich am trinitarischen Gott »ablesen«, ja, diese Einsicht ist eine Konsequenz des Glaubens an den drei-einen Gott.

Damit gelangte man aber nicht nur zu einer neuen »theoretischen« Glaubenseinsicht, sondern auch zu neuen, ganz praktischen Perspektiven: Wenn sich das eine göttliche Leben gerade im Austausch von drei verschiedenen Personen, von Vater, Sohn und Geist verwirklicht, dann bedeutet dies: Einheit und Vielheit, Einheit und Vielfalt, Einheit und Anderssein sind gleichursprünglich, gleichrangig, gleichwichtig, zunächst einmal in Gott, doch dann – gemäß der genannten Entsprechung von Gottes- und Menschenbild – auch bei uns.

Das zieht nun Konsequenzen nach sich, die alles andere als selbstverständlich sind. Man denke nur an die verschiedensten Gemeinschaften und sozialen Gebilde, in denen wir leben oder die wir kennen. Fast überall wird hier Einheit, Gleichklang, Uniformität höher geschätzt als Pluralität, Vielfalt, unterschiedliche Einstellungen. So ist es auch in der Kirche, von der später noch eigens die Rede sein soll. Aber dies gilt nicht nur von der Kirche! Es ist eine Dauerversuchung jeder Gemeinschaft, angefangen von Ehe und Familie bis hin zu Staat und Gesellschaft, das Anderssein des andern nicht ertragen zu wollen (oder zu können), es nicht zu respektieren, anzunehmen, anzuerkennen, zu schätzen. Es ist leichter und bequemer, alles über einen Kamm zu scheren, Vielfalt zu unterdrücken, Abweichler auszuschalten, Einheit über alles zu stellen. So suchen sich die Alten gegen die Jungen durchzusetzen und umgekehrt, die Progressiven gegen die Konservativen und umgekehrt, die Rechten gegen die Linken und umgekehrt. Einer sucht, jeweils den andern auf seine Seite zu ziehen und so dessen Anderssein zu beseitigen oder ihn »in eine Ecke« zu stellen, um auf diese Weise dessen Anderssein »fertig zu machen«, zu verdrängen oder zu eliminieren, alles, damit endlich Einheit und Harmonie, Ruhe und Frieden herrschen. Aber was für Ruhe und Frieden? Schließlich gibt es auch die Friedhofsruhe!

Das Menschenbild, das sich am drei-einen Gott orientiert, hat eine andere Praxis zur Folge. Hier gehört der andere als anderer und damit dessen Anderssein als wesentliche, unumgängliche Größe dazu. Erst die Beziehung zum anderen lässt zum eigenen vollen Personsein finden.

Ein schöner Text des Dichters Jan Twardowski lautet:

»Wenn alle je vier Äpfel hätten,
wenn alle gesund und stark wären wie ein Roß,
wenn alle gleich wehrlos wären in der Liebe,
wenn jeder dasselbe hätte,
dann brauchte keiner den andern.
Ich danke DIR, daß DEINE Gerechtigkeit
Ungleichheit ist ... «[25]

»Ungleichheit«, »Anderssein«, sind gerade Bedingung für einen wirklichen, in die Tiefe des Seins reichenden Lebensaustausch der »Ungleichen«, sind Voraussetzung für Ergänzung und Bereicherung, für gegenseitiges Sich-Korrigieren und -Herausfordern. Ernst Käsemann formuliert (im Zusammenhang der Charismenlehre des hl. Paulus und dessen Bild vom Leib Christi) sehr schön folgendermaßen:

> »Der Leib [Christi] besteht nicht aus einem, sondern aus vielen Gliedern. Denn während das Gleiche sich nur anödet und gegenseitig überflüssig macht, vermag das Unterschiedene sich gegenseitig zu dienen und in diesem Dienst der Agape [Liebe] eins zu werden.«[26]

In der Tat, Menschen, die gleich sind, die Gleiches können, Gleiches denken, Gleiches wollen, brauchen sich gegenseitig nicht, sie machen sich füreinander überflüssig und bestätigen sich höchstens gegenseitig in uniformen »geschlossenen Gesellschaften«, die sich gegen andere abkapseln. Der Blick auf den drei-einen Gott zeigt etwas anderes, dass nämlich »Einheit« nur rechtens ist, wenn sie sich in Vielfalt vollzieht: im Mitsein, in der Anerkennung des andern, im Austausch mit ihm und in der Ergänzung durch ihn. Und Vielfalt ist nur dann rechtens, wenn sich das jeweilige Anderssein – und damit der Variationsreichtum – im gegenseitigen Schenken und Empfangen (wozu – unter Menschen – auch kritische Infragestellung und konflikthaftes Ringen um das Wahre und Rechte gehört) zur Einheit der Liebe zusammenfügen.

Der drei-eine Gott gibt also gewissermaßen ein Modell dafür an, wie Einheit und Vielfalt sich zueinander verhalten, verhalten sollen: Trinitarische Einheit ist nicht dinghafte Einheit und nicht kollektive Uniformität, sie ist weder narzisstisches Pathos des einsamen Ich-bin-Ich und Ich-allein, noch tyrannische Unterdrückung des vielen zugunsten des eigenen monadischen Egos. Trinitarische Einheit ist gerade das Beziehungsnetz, der Lebens- und Liebesaustausch der vielen »je anderen«

und des vielfältigen »Je-anders-Seins«. Darin und nur darin ist und wird man »Person« und wahrhaft Abbild des einen Gottes in drei Personen.

Von daher zeigt sich auch, dass das neutestamentliche Doppelgebot der Liebe im Grunde nichts anderes ist als »dynamisierter Trinitätsglaube«. Das heißt: es ist Weisung an uns, in gegenseitiger Anerkennung, Zuwendung und Hilfeleistung, in herzlichem Miteinander-Leben und solidarischem Füreinander-Dasein Trinität, genauer: trinitarische Einheit in die Praxis unseres Lebens umzusetzen. So ist es kein Wunder, dass seit Anfang der Christenheit wahrhaft gelebte Brüderlichkeit (heute würde man sagen: Geschwisterlichkeit), der caritative und gesellschaftspolitische Einsatz für die andern sowie der Aufbau eines Netzes gegenseitiger Hilfeleistung und Unterstützung sich als *das* »Specificum Christianum« schlechthin darstellt.[27]

Konsequenzen

Gegenprobe: Der Mensch als »einsames Subjekt«

Genau in dem Maß, als zu Beginn der Neuzeit aus Gründen, die wir hier nicht weiter erörtern können, der Glaube an den drei-einen Gott zurücktrat und seine lebensprägende Kraft verlor, ging auch dieses relationale Personverständnis ein gutes Stück verloren. Gott wurde mehr und mehr nur als unitarischer (d. h. als der undifferenziert eine) Gott, als höchstes »einsames« Subjekt verstanden, nicht mehr als communialer, gemeinschaftlicher Gott. Und entsprechend verstand sich auch der Mensch als ichzentriertes Subjekt. »Zum Personsein gehört notwendig letzte Einsamkeit«, formuliert Duns Scotus am Übergang zur Neuzeit (Ordinatio III, 1, 1 Nr. 17) und läutet damit ein Menschenbild ein, das letztlich ruinöse Folgen hatte. Denn dessen Defizite trafen noch mit einem anderen wichtigen Faktor zusammen.

Ein Wesenszug der Neuzeit bestand (und besteht) darin, dass der Mensch diesen unitarischen Gott abzulösen versuchte bzw. dessen Stelle – jedenfalls in wichtigen Punkten – einzunehmen trachtete.[28] Nicht mehr Gott, sondern der Mensch hat die Welt nach eigenen Vorstellungen zu leiten, zu gestalten, umzuwandeln. Nicht mehr Gottes Gesetz, sondern die menschliche Vernunft gibt Norm und Sinnziel allen Verhaltens und Gestaltens vor. Nicht mehr die Sehnsucht nach einer künftigen himmlischen Heimat bei Gott, sondern der Wille, hier und jetzt irdisches Glück zu schaffen, nimmt das Herz des Menschen in Beschlag. Da auf diese Weise der Mensch an die Stelle Gottes zu treten versuchte, verstand er sich (auf Grund des Zusammenhangs von Gottes- und Menschenbild) gemäß der ihm vorgegebenen »unitarischen« Sicht Gottes – Gott als höchstes »einsames« Subjekt – konsequenterweise selbst als »unitarisch«, als selbstbezogenes, in sich kreisendes Subjekt.

Gegenprobe: Der Mensch als »einsames Subjekt«

Ja, das einzelne Subjekt betrachtet sich nunmehr selbst als monadischen Einheits- und zentralen Bezugspunkt aller Wirklichkeit. Als selbstbewusstes autonomes Subjekt sucht es sich allem andern gegenüber als »Herr« darzustellen und sich alles andere zu unterwerfen, gleich einem großen »Bauch«, der alles »auffrisst«, um es sich »einzuverleiben«: Macht und Größe, Kompetenz und Anerkennung, Geld, Besitz und höchstmögliches Glück.

Auf diese Weise ist nun endgültig das christliche Personverständnis, das sich am trinitarischen Gott orientiert, verabschiedet. Nicht mehr Relationalität, das In-Beziehung-Stehen zum andern, kennzeichnet den Menschen, sondern die sich selbstbestimmende und selbstverwirklichende Subjektivität, die sich als Mittelpunkt setzt und von sich her alles andere zu beherrschen sucht.

Damit verbunden bildet sich vom neuzeitlichen Subjektverständnis her die Atmosphäre einer alles ergreifenden Bemächtigungstendenz. Denn wenn der einzelne sich selbst als Mitte und Einheitspunkt aller Wirklichkeit setzt, entsteht geradezu notwendig der Macht- und Konkurrenzkampf der vielen Einzel- oder auch Kollektivsubjekte, Klassen, gesellschaftlichen Gruppen, Rassen und Nationen, da sich ja jedes als Einheits- und Bezugspunkt, d. h. als sich ganz allein selbst bestimmendes Subjekt durchsetzen, »durchboxen« und behaupten will – sozusagen gegen »den Rest der Welt«. »Ich bin Ich!«, das ist gewissermaßen die erste und grundlegende Devise dieses Stranges neuzeitlichen Geistes. Und wo das Pathos dieses »Ich bin Ich!« sich absolut setzt, hat der (das) andere ausgespielt, hat er (es) nichts mehr »verloren«, es sei denn als Material oder als Instrument für die eigene Selbstverwirklichung. Deshalb entsteht dort, wo das einzelne Subjekt sich gegen alles andere durchsetzen will, zwangsläufig der Kampf, Konkurrenzkampf und Dauerkrieg gegen alle noch erfahrbare Fremdbestimmung bzw. gegen alle Beeinträchtigung des eigenen unbedingten Selbstbezugs, der eigenen unbedingten Selbstbestimmung. Eben dieser Kampf ist Zeichen und Ausdruck dafür, »daß die Selbstbestimmung singulärer und allgemeiner Subjekte niemals rein als solche, sondern immer nur in nichtendender Hinwegarbeitung von Fremdbestimmung durchgesetzt werden kann«[29]. Deshalb ist das Subjekt nie mit sich und der Welt »im Frieden«, denn der oder das andere will sich ja seinerseits *gegen mich* durchsetzen, will *mich* beherrschen, *mich* sich »einverleiben«.

So zeigt sich die ganze Widersprüchlichkeit und Problematik dieses Menschenverständnisses. Wo Menschsein nicht trinitarisch-communial, sondern unitarisch-subjekthaft (im Sinn des neuzeitlichen Subjekts) gedacht wird, endet alles nur im Kampf und Widerspruch, im ewigen Konflikt und in der ständigen Konkurrenz der vielen, je sich selbst als Einheits- und Mittelpunkt setzenden Monaden.

Das gilt nicht nur von Einzelsubjekten, sondern auch von Kollektivsubjekten, wie etwa von Staaten, Nationen – und auch Religionen. Ja, das gilt auch vom Christentum, wo es die zentrale Bedeutung des Trinitätsglaubens vergessen oder hintangestellt hat. Heinrich Rombach schreibt dazu: Bis in die Gegenwart hinein zeigt sich, »was die drei großen Religionen, die sich unter der Herrschaft des Einheitsdenkens entwickelt haben, das Judentum, das Christentum und der Mohammedanismus, an Radikalität und Unerbittlichkeit aus der Geschichte übernommen und in die gegenwärtige Lebenswirklichkeit hineinversetzt haben«[30].

Man muss nur in die Geschichte bis heute hineinblicken, und man wird immer wieder darauf stoßen: Unitarisches Denken, d. h. die Weise, vom selbstzentrierten Subjekt aus, sei dies nun Einzel- oder Kollektivsubjekt, die Wirklichkeit in den Blick zu nehmen, führt immer zu absolutistischen Konsequenzen; es führt dazu, sich gegen den/das andere bzw. die anderen durchzuboxen, über sie triumphieren und sie eliminieren zu wollen.

Die Orientierung am trinitarischen Gott zeigt etwas ganz anderes: Personsein heißt nicht einsames Ego sein. Vielmehr gehört zum Personsein die Beziehung zum anderen und damit der andere selbst und die Gemeinsamkeit mit ihm. Personsein heißt nicht Selbstbestimmung gegen das andere oder den anderen, Personsein heißt nicht sich freikämpfen von aller Fremdbestimmung, sondern heißt Selbstwerden in und durch Mitsein und Füreinanderdasein. So erscheint die Trinität »als das Modell jeden gesellschaftlichen Zusammenlebens ..., das gerecht ist, Gleichheit verwirklicht und Unterschiede achtet«, wie Leonardo Boff zusammenfasst[31] und damit den trinitarischen Glauben in die befreiungstheologische Perspektive Lateinamerikas hineinstellt.

Weiter zeigt der Blick auf den drei-einen Gott, wie sich das »Soziale« und »Individuelle« zueinander verhalten: Die soziale Welt entsteht nicht einfach aus der Addition von vielen einzelnen, sie ist aber auch keine Wirklichkeit über bzw. jenseits der Individuen. Es gilt vielmehr die Beobachtung von Paul W. Riener:

»Wie der eine lebendige Gott nicht gleichsam als ein Viertes neben oder aus den drei göttlichen Personen kommend verstanden werden darf, sondern als der Eine zu sehen ist, der in den drei göttlichen Personen und in ihrer Verbundenheit verwirklicht ist, so kann auch menschliche Gesellschaft nicht als ein Überindividuum gelten, das als ein großes Eins die Summe der in der Gemeinschaft verbundenen Menschen überschattet und ausschaltet«.[32]

Konsequenzen

Alles Gesellschaftliche *besteht* vielmehr im Austausch, in der gegenseitigen Beziehung der vielen Einzelnen, die ihrerseits gerade durch dieses In-Beziehung-Stehen ihr wahres Personsein finden.

Somit hebt der Trinitätsglaube eine Doppelpoligkeit im Menschen nachdrücklich hervor: Der Mensch ist *zum einen* ein mit Freiheit begabtes Individuum und *zum andern* Glied der menschlichen Gemeinschaft, auf vielfache Weise mit anderen verbunden und nur zusammen mit ihnen wahrhaft Mensch. Kein Pol darf hier unterschlagen werden, weil gerade so und nur so das Wesen des drei-einen Gottes abgebildet und in menschliche Praxis umgesetzt wird. Damit zeigen sich – wie August Brunner zurecht betont – vom Trinitätsglauben her

> »Individualismus und Kollektivismus in gleicher Weise als einseitig und ungeistig verurteilt. In beiden kann der Mensch das Heil und die Einheit, in der die Selbstverwirklichung besteht, nicht finden. In beiden verkümmert er in seiner Menschlichkeit, unterwirft er sich den Gesetzen der unteren Natur, statt diese durch sein Personsein zu durchdringen und sich anzuverwandeln. Beide führen darum auch zur Überbetonung von Wirtschaft und leiblichem Wohlergehen und verfallen dem Materialismus. Unfreiheit, Gewalt und Unterdrückung sind die unvermeidlichen Folgen«.[33]

Nur in Communio und Communicatio, d. h. in einem Prozess der Vermittlung von Individuum-Sein und In-Gemeinschaft-Stehen verwirklicht sich die menschliche Person wahrhaft selbst. Und dazu ermutigt der Glaube. Wenn nämlich der drei-eine Gott sein Leben so vollzieht, dass eine göttliche Person in der Gemeinsamkeit der Liebe jeweils in der anderen bei sich selbst ist, so ist prinzipiell auch die endliche Person fähig, in der Gemeinschaft mit anderen und in der Beziehung zu ihnen nicht nur ihre Schranken und Grenzen, sondern gerade auch ihre Selbsterfüllung zu finden.

Damit ist dem menschlichen Leben ein Ziel vorgegeben, sozusagen eine idealtypische Orientierung, die unter den Bedingungen der Geschichte nie voll verwirklicht, ja oft genug auf Grund der Sünde[34] konterkariert wird. Doch sind solche Zielvorstellungen nicht deshalb schon idealistische, lebensferne Abstraktionen. Denn nur dann kann der Mensch unmenschliche Verhältnisse bestehen und gegen sie angehen, wenn im dunklen Tunnel der Entfremdung ein – wenn auch noch so fernes – Licht aufleuchtet, das Orientierung gibt, Richtung weist und Hoffnung schenkt.

So gesehen ist der Trinitätsglaube alles andere als eine rein theoretische oder kontemplative Gaubenseinsicht, er provoziert vielmehr eine neue Praxis. Er wird zur Basistheorie für eine Ethik solidarischen Miteinanders und Füreinanders. Zwar ist der Trinitätsglaube nicht unmittelbar praktisch. Aber – so formuliert es Jürgen Moltmann – er »verändert die Praxis gründlicher als alle möglichen Alternativen, die sich der Handelnde ausdenken kann«[35]. Er stellt ein anderes Modell von Mensch- und Personsein vor, da er Wirklichkeit als vernetzte Wirklichkeit versteht, die gerade im gegenseitigen Austausch ihre Fülle und Vollendung findet.

Konsequenzen

Schöpfung, die aus der Liebe kommt

Der Glaube an den drei-einen Gott wirft nicht nur sein erhellendes Licht auf das, was der Mensch als Person ist, er vermag auch aufzuklären, wie es um die Welt, besser: um die Schöpfung, um ihren Grund, ihren Sinn und ihr Endziel bestellt ist.

Blicken wir zunächst auf Grund und Herkommen der Schöpfung. Zu allen Zeiten gab es Stimmen, welche die These vertraten, dass Gott mit Notwendigkeit eine Schöpfung ins Werk setzen musste. Als Begründung verwies man *entweder* auf die unendliche Fülle des göttlichen Lebens, die sich – wie das Licht einer Kerze – wesensnotwendig in das Dunkle des Nichts in abnehmenden Helligkeitsgraden verströmen müsse (man spricht hier von Schöpfung als »Emanation«, d. h. als »Ausfluss« aus dem göttlichen Sein), *oder* man betonte die Einsamkeit Gottes, der, um zu lieben und wieder geliebt zu werden, der Schöpfung bedürfe. Liebe bedarf des Partners, und so bedarf Gott, um Liebe zu sein, des Geschöpfes. Ohne dies wäre Gott – so der große Philosoph Hegel – »das leblose Einsame«. Und er führt zustimmend einen Vers von Friedrich Schiller an:

>»Freundlos war der große Weltenmeister
>Fühlte Mangel – darum schuf er Geister,
>sel'ge Spiegel seiner Seligkeit!«

Eine eindrucksvolle Illustration dafür sind auch die Worte, die der Schriftsteller Jean Paul Gott in den Mund legt: »Wahrlich, ich wollte, es gäbe Menschen! … Ich so ganz allein, nirgends ein Pulsschlag, kein Leben, nichts um mich und ohne mich nichts als nichts …«. Darum also *musste* Gott eine Schöpfung ins Werk setzen. Diese Position findet sich auch verbreitet unter jüdischen Gelehrten. So schreibt Pinchas Lapide:

> »Warum schuf Gott die Welt? Wozu braucht er sie? Und die Antwort der Schriftgelehrten nach jahrhundertelangem Nachsinnen lautet: daß er sie aus Liebe schuf. Warum aus Liebe? Weil Liebe das einzige ist, das eines Gegenübers bedarf. Und daher schuf er den Menschen in seinem Ebenbild«.[36]

Wenn aber eine dieser beiden Möglichkeiten zuträfe – sei es, dass Gott aus der überbordenden Fülle seines Lebens heraus oder um der Behebung seiner Einsamkeit willen schaffen musste –, wäre es letztlich um die Würde der Schöpfung, insbesondere des Menschen geschehen. Denn was wäre die Folge? *Entweder* ist der Mensch dann nur Bestandteil eines (bereits erwähnten) naturhaft-notwendigen und deshalb unpersönlichen Emanationsprozesses, *oder* er wird gebraucht, und das heißt auch: funktionalisiert, verzweckt, für das Ziel, Gott zur Liebe zu konstituieren, zu ermöglichen, dass Gott Liebe sei. Wie aber kann da noch *wahre* Liebe zwischen Schöpfer und Geschöpf sein? Ein Geschöpf, das wie Kerzenschein aus einem naturnotwendigen Sich-Verströmen der Gottesflamme hervortritt, ist kein echtes Gegenüber zu Gott und kann daher auch nicht wirklich »mitspielen« im Hin-und-Her der Liebe; und ein Geschöpf, das schon in seinem Ursprung dazu verzweckt ist, Gott zur Liebe zu »machen«, entbehrt in seiner Funktionalität jener Freiheit, die unbedingt zur Liebe gehört.

Aber mehr noch: Auch um die Göttlichkeit Gottes ist es geschehen. Denn wie kann er dann noch Gott, der aus sich heraus Vollkommene, Sich-selbst-Genügende, Erhabene sein, wenn er der Schöpfung, insbesondere des Menschen bedarf? Gottes Gottheit, Gottes Freiheit und Souveränität gegenüber der

Schöpfung bleiben nur gewahrt, wenn er immer schon *in sich selbst* Liebe ist, personaler Austausch, liebendes gegenseitiges Geben und Nehmen, eben: der dreipersönliche Gott. Wenn aber Gott schon in sich selbst Gemeinschaft der Liebe ist, dann ist Schöpfung *nicht* notwendig, um Gott allererst zur Liebe zu »machen«. Gott braucht den Menschen *nicht*, um Gott zu sein oder gar zu »werden«.

Diese beiden letzten Sätze sind nur scheinbar negative Aussagen. Ihr Sinn ist zutiefst positiv und befreiend: Gerade weil Gott der Schöpfung nicht bedarf und weil sie nicht naturnotwendig aus ihm herausströmt, ist sie von ihm in »freiester Freiheit« ins Werk gesetzt, um ihr Anteil am göttlichen Leben zu geben, um sie »umsonst«, aus lauterster Güte und Liebe, hineinzunehmen in den eigenen personalen Austausch des Lebens und der Liebe. So kann das Geschöpf ganz »es selbst« sein. Es darf sich sagen: Ich bin nicht »Rädchen« in einem notwendigen Prozess; Gott braucht mich nicht, damit ich für irgendetwas »funktioniere«, sondern ich bin frei gewollt, absichtslos. Gott liebt mich, weil er mich ganz als mich selbst lieben möchte, weil er mich als mich selbst meint, sozusagen ohne Zwecke und Hintergedanken, ohne dass er daraus Nutzen für sich ziehen will.

So macht der Glaube an den drei-einen Gott, an den Gott, der in sich selbst Liebe, interpersonaler Liebesaustausch ist, verständlich und plausibel, dass die ganze Schöpfung (und darin ich selbst) in Freiheit aus Liebe und zur Liebe geschaffen ist.

Noch von einer anderen Seite her zeigt sich etwas Ähnliches. Nehmen wir einmal an, Gott wäre nicht trinitarisch, sondern strikt unitarisch, d. h. die eine, höchste und absolute Substanz. In dem Fall könnte geschöpfliches Sein gar keinen Platz neben ihm haben. Denn die eine, höchste, absolute Substanz schließt jedes selbständige »Daneben« von etwas anderem aus. Sie »beschlagnahmt« ja gewissermaßen alles Sein in sich und für sich; sie ist »alles Sein«. Und deshalb sind dann Formulierungen wie »Gott und Schöpfung«, »Gott und Mensch« in sich widersinnig. Denn der differenzlos einen, höchsten und absoluten Substanz kann man nicht ein »und« hinzufügen. Auf dieser Linie bemerkte vor einiger Zeit Kurt Flasch, selbst ein heftiger Kritiker des christlichen Trinitätsglaubens:

> »Wenn man ein oberstes Prinzip annimmt, kann dieses, ... um die Vielheit der Welt zu begründen, nicht pur, nicht rein, nicht abstrakt nur Einheit sein. Und insofern kommen viele Philosophen ... auf die Idee, dieser ersten, weltbegründenden Einheit eine gewisse innere Bewegung, einen gewissen inneren Reichtum, eine gewisse Vielfalt zuzuschreiben«.[37]

In der Tat: Von einem radikal monadisch verstandenen Gott her kann Schöpfung nicht begriffen werden. Und überdies könnte ein solcher Gott weder ein freies Ja oder Nein des Geschöpfes empfangen, noch es mitwirken lassen, noch es überhaupt lieben, weil Liebe ja einen wirklichen Selbstand des anderen voraussetzt.

Machen wir ein kleines Gedankenexperiment: Nehmen wir an, Gott wäre das »unitarische«, alle Wirklichkeit in sich einbegreifende und alles bestimmende höchste Sein. Durch die Schöpfung wäre ihm dann aber ein »Etwas« gegenübergestellt, das einen gewissen Selbstand und eine gewisse Eigenmacht hat. Wie kann Gott dann aber noch die *alles* umfassende Wirklichkeit sein und die *alles* bestimmende Macht, da doch »ihm gegenüber« oder »neben ihm« geschöpfliches Sein existiert?

Konsequenzen

Diese Widersprüchlichkeit lässt sich nur dann lösen, wenn Gott eben nicht nur absolutes Sein und absolute Seinsmächtigkeit ist, sondern auch Offensein für anderes, Empfangenkönnen vom anderen, Sich-bestimmen-Lassen durch anderes. Zwar ist und bleibt Gott das höchste Sein, aber höchstes Sein ist er gerade dadurch, dass er radikalstes Beziehungssein ist.

Genau das meint die Rede vom trinitarischen Gott: Gott ist *einer*, aber einer, der sein innergöttliches Leben im Austausch der Liebe vollzieht; er ist kein in sich geschlossenes Absolutum, sondern eine communiale Einheit, in welcher die einzelnen göttlichen Personen ihr Gottsein je von den anderen her empfangen und ihnen schenken. Sie sind von ihrem innersten Wesen her so, dass sie den anderen Personen »Raum« neben sich gewähren, einen Raum, in dem sie offen und empfänglich sind für die je anderen. Nur ein solches Gottesbild gibt auch der Schöpfung einen Raum »frei« und kann so schlüssig die Koexistenz von Gott und Schöpfung erklären. So hat es schon Thomas von Aquin verstanden. Er schreibt: »Die Kenntnis der göttlichen Personen ist notwendig, ... um über die Schöpfung richtig zu denken«[38].

Die Frage, wie Schöpfung angesichts der Absolutheit Gottes überhaupt existieren könne, wo denn ihr »Ort« und ihr (Handlungsspiel-)»Raum« sei, lässt sich im Blick auf den dreieinen Gott so beantworten: Der »Ort« der Schöpfung ist nicht »neben« oder »gegenüber« einer alles aufsaugenden göttlichen Monade, was – wie wir sahen – nur in Widersprüche führt, sondern ihr Ort ist Gott selbst, anschaulich gesagt: der durch die drei göttlichen Personen gebildete »Raum« gegenseitigen Gebens und Empfangens. In diesen göttlichen Lebensaustausch ist sie aus Gnade hineingenommen und hat somit selbst einen »Spielraum«. Sie wird nicht von einer absolutisti-

Schöpfung, die aus der Liebe kommt

schen Einheit Gottes erdrückt, sondern darf – als (geschaffenes) Spiegelbild der Herrlichkeit des Vaters, geprägt vom göttlichen Wort und erfüllt vom Heiligen Geist – mit-sein, mit-empfangen, mit-geben.

Im Bild gesprochen: Gäbe es einen einsamen Ballspieler, der den Ball als »seinen Besitz« immer nur bei sich behielte, gäbe es nie eine Chance für andere zum Mitspielen. Erst da, wo eine Mehrzahl von Spielern wirklich Ball spielt, d. h. wo jeder den Ball loslässt und ihn andern zuspielt und diese ihn wieder zurückspielen, können auch weitere hinzukommen, um mitzuspielen. Ein anderes Bild: Wo ein Kind allein mit seinem Computerspiel beschäftigt ist und so narzisstisch bei sich selbst bleibt, kann kein anderes mitspielen; wenn es sich aber um ein sog. »interaktives Computerspiel« handelt, das von vornherein von einer Vernetzung von Mitspielern ausgeht, können sich auch andere in das Spiel einschalten und mitmachen. Im Klartext: Weil das Leben des trinitarischen Gottes ein »Spiel« gegenseitiger Lebensvernetzung und -vermittlung ist, können auch andere, wir, die Geschöpfe, darin eintreten und mithandeln. Und so zeigt sich die ursprünglich von Gott gewollte (und nicht durch die Sünde entstellte) Schöpfung als ein »Mitspielen« im Leben des drei-einen Gottes.

Alle anderen Weisen religiösen Weltverständnisses geraten demgegenüber in unlösbare Widersprüche. Wo Gott nicht als drei-einer verstanden wird, erdrückt *entweder* seine Allmacht und Souveränität den Menschen, so dass das »Wehe mir!« des Geschöpfes vor seiner alles bezwingenden Majestät das letzte Wort bleibt und das Geschöpf letztlich zunichte wird, *oder* der Mensch maßt sich an, sich als Partikel bzw. als Vollzugsmedium der Gottheit zu verstehen. In beiden Fällen ist der Mensch überfordert; der religiöse Bezug wird ihm zur totalitären Macht, welche seine Freiheit erdrückt oder sein Dasein

Konsequenzen

überbeansprucht. Letztlich vermag nur der Glaube an einen Gott, der in sich selbst Liebe, Liebesvollzug ist, den Menschen verständlich zu machen als ein Geschöpf, das in Freiheit aus Liebe geschaffen und zur Liebe bestimmt ist. Denn nur so zeigt sich, dass Gott in seiner absoluten Erhabenheit den Menschen nicht erdrückt, aber auch, dass er nicht der Gott »unter uns« ist, der unser bedarf, sondern der Gott »mit uns« und »in uns«, der uns »umsonst« in die Liebe, die er als trinitarischer Gott selbst ist, hineinnimmt.

»Trinitarisierung«: das Ziel der Schöpfung

Wenn Gott Communio ist und der Mensch als Bild *dieses* Gottes geschaffen wurde, um dieses Bild mehr und mehr in sich auszuprägen und dadurch Gott ähnlicher zu werden, so tritt darin auch die letzte Bestimmung des Menschen hervor: Er ist dazu gerufen, das zu werden, was Gott immer schon ist: Communio, Gemeinschaft, Lebensaustausch, um einmal in alle Ewigkeit an der vollendeten Communio des trinitarischen Gottes teilzuhaben.

Dies dürfte einsichtig sein: Nur wenn der Mensch communial geworden ist, kann er im Leben des communialen Gottes »mitspielen«. Sonst wäre er gewissermaßen ein Fremdkörper in dem ihm verheißenen göttlichen Leben. Darum ist Communio-Werdung die zentrale Lebensaufgabe des Menschen. Dafür leben wir. Was Gott ist: vollkommene Gemeinschaft der Liebe, dem sollen wir uns in Freiheit, so weit es uns möglich ist, annähern. Und dazu ist unser Tun herausgefordert. Denn nur wenn an der Herbeiführung der Communio von Gott und Mensch beide im Geben und Empfangen beteiligt sind, kommt diese als *gemeinsames* In-Beziehung-Stehen wirklich zustande. Darum ist Gott nicht allein der Gebende. Um es paradox zu formulieren: Gott gibt auch »zu tun«, um vom geschöpflichen Tun her die Antwort der Liebe empfangen zu können. Jede Gabe Gottes an den Menschen ist *immer* zugleich Auf-Gabe, Befähigung und Herausforderung zum Mithandeln. Das gilt erst recht für Gottes höchste Gabe an den Menschen: Indem Gott Gemeinschaft mit sich anbietet, wird sein Angebot sogleich zur Einladung, dieses Geschenk zu »verwirklichen«, d. h. am Ziel der Schöpfung, nämlich ihrer Communio mit Gott, mitzuwirken.

Communio hat nun aber für den Menschen eine doppelte Ausrichtung: sie ist sowohl Gemeinschaft mit Gott wie auch

Gemeinschaft mit den Mitmenschen, ja mit der ganzen Schöpfung. Beides ist aufs Engste miteinander verbunden. Um das Bild Gottes in sich auszuprägen und ihm ähnlicher zu werden, hat der Mensch in beide Formen der Communio hineinzuwachsen. Es gilt, aus dem »Ursprungsnarzissmus« der Sünde auszubrechen, d. h. die Neigung zu überwinden, rücksichtslos bei allem nur sich selbst zu suchen und das eigene Leben als einzigen großen Egotrip zu verstehen. Demgegenüber ist die Aufgabe gestellt, sich mehr und mehr in das Netzwerk der Gemeinschaft (mit Gott und untereinander) hineinzustellen. Genau diese Communio in zweifacher Verwiesenheit, präziser: die zweifach-eine Communio-Werdung des Menschen ist nach christlicher Überzeugung Inhalt und Ziel von Zeit und Geschichte. Zwar sind Anlage und Berufung zur Communio von Schöpfung her seinsmäßig vorgegeben – darin besteht letztlich das Bild-Gottes-Sein des Menschen –, aber diese Urvorgegebenheit muss, weil sie sich an die Freiheit richtet, auch in Freiheit verwirklicht werden.

Verwirklichung endlicher Freiheit aber bedeutet wesentlich »Aus-zeitigung«, d. h. Sich-Verwirklichen in Zeit und Geschichte: Im Durchgang durch die Welt, in der Herausforderung durch konkrete Situationen und Begegnungen, in Auseinandersetzung mit Gesellschaft und Zeitgeist hat der Mensch seine schöpfungsmäßige Vorgabe in Freiheit einzuholen und mehr Communio, Gemeinschaft, Lebens- und Liebesaustausch zu werden, um zu größerer Ähnlichkeit mit Gott zu gelangen. Deshalb schenkt Gott Zeit. Sein Lebensvollzug: Communio, den er aus der Fülle seines eigenen Wesens heraus erwirkt, soll von uns nicht nur passiv, das heißt durch ein einfaches Entgegennehmen und Geschehenlassen göttlichen Handelns nachgeahmt werden, sondern in aktiver, kraft eigener Freiheit vollbrachter Tat. Wenn wir am Ende der Zeit für immer im Leben des trinitarischen Gottes mitspielen, tun wir es nicht als Bettler, denen alles in den Schoß gefallen ist, sondern als solche, die sich dieses Leben »miterwirken« durften und gerade dadurch noch einmal mehr Gott ähnlich sind.

Auf dieser Linie lässt sich auch die Logik und innere Konsequenz der alt- und neutestamentlichen Heilsgeschichte und ihrer Verheißungen verstehen. Durchgehende »Chiffre« der Geschichte Jahwes mit seinem Volk ist der Bund Gottes mit dem Menschen. Damit ist ihm die Aufgabe gestellt, ein diesem Bund gemäßes Leben zu führen. Er soll sich mehr und mehr in den Bund, den Gott mit ihm eingeht und immer enger schließen will, hineinstellen. Wie tief diese Bundeswirklichkeit geht, zeigt die bis ins Neue Testament hineinreichende, aber schon im Alten Testament anhebende Brautsymbolik: »Wie der junge Mann sich mit der jungen Frau vermählt, so vermählt sich dir dein Schöpfer. Wie der Bräutigam sich freut über die Braut, so freut sich dein Gott über dich« (Jes 62,5). Als Bild Gottes und Abglanz der göttlichen Herrlichkeit ist der Mensch das geliebte Gegenüber Gottes, in das Gott so verliebt ist, wie ein bis über beide Ohren in sein Mädchen vernarrter junger Mann. Auf diese Liebeserklärung und dieses Werben Gottes um ihn soll der Mensch antworten. Er ist dazu eingeladen, zum Bund Ja zu sagen und ihm entsprechend zu leben.

Aber die »vertikale« Richtung des Bundes (der Bund zwischen Gott und Mensch) ist nur dann wirklich, wenn dieser auch »horizontal«, in der Gemeinschaft mit dem Mitmenschen, vollzogen wird.

Dies wird auf vielfache Weise erzählerisch dargestellt: Von Anfang an beruft Gott nicht einzelne Menschen zur Gemeinschaft mit sich, sondern »die vielen«, die sich zur Einheit zusammenfügen sollen. Das wird – nach einigen Theologen – bereits in der Erschaffung des Menschen, wie sie in Gen 1 dargestellt wird, thematisiert. Wenn es dort heißt: »Gott schuf den Menschen als sein Abbild; als Abbild Gottes schuf er ihn. Als Mann und Frau schuf er sie« (Gen 1,27), dann bedeutet dies: Gerade darin ist der Mensch Bild Gottes, dass er nicht als isoliert einzelner, sondern auf den andern hin erschaffen ist. Als Mann und Frau, die in unterschiedlicher Einmaligkeit und zugleich in gegenseitiger Hinordnung – formal gesagt: die in Differenz und Identität, in Unterschiedenheit und Einheit – die Urgemeinschaft der Menschheit bilden, spiegelt der Mensch den trinitarischen Gott wider. Als solcher erhält er auch den Auftrag, die Schöpfung zu hüten sowie »sich zu vermehren und die Erde zu bevölkern« (Gen 1,28), d. h. die eigene Urgemeinschaft auszuweiten. So zielt die Schöpfung von Anfang an nicht auf je isoliert einzelne, sondern auf die Communio der vielen einzelnen, auf die Vereinigung des durch Vielheit bestimmten geschaffenen Seins.

Dieses Communio-Werden ist ein Prozess sich steigernder Ausweitung: vom Familienclan zum Volk Gottes. Wenn in diesem Prozess einzelne von Gott berufen werden, dann nicht eigentlich *als* einzelne, sondern stets mit dem Auftrag, der Communio-Werdung aller zu dienen. So wird z. B. Abraham zwar als einzelner herausgerufen, aber dafür, dass er ein Segen sei für *alle*: Er soll zum Stammvater eines Volkes werden und zum Vater des Glaubens für alle Menschen. Ähnliches wiederholt sich stets aufs Neue. Einzelne spielen insofern eine Rolle, als sie eine Aufgabe haben für das Ganze des Volkes Gottes. Und auch dieses ist noch nicht das Ziel, noch nicht die vollendete Form der Communio. Das Gottesvolk soll vielmehr »zum Segen werden für die ganze Erde« (Jes 19,24). Es soll auf alle Heidenvölker ausgreifen, die laut Jes 2,1f. nach Jerusalem kommen sollen, um teilzuhaben am

»Trinitarisierung«: das Ziel der Schöpfung

Bund Israels mit Gott und an dessen gelingender Gemeinschaft untereinander.

Nicht nur die alttestamentliche Heilsgeschichte steht unter dem Vorzeichen der Gemeinschaftswerdung, sondern erst recht ihre neutestamentliche Konkretisierung und Steigerung. So wird z. B. vor allem in den sog. Abschiedsreden des Johannesevangeliums herausgestellt, dass die Einheit von Vater und Sohn auf die Jüngerschaft Jesu ausgreifen und von ihr aus die ganze Welt erfassen soll. Ja, darin besteht das Testament Jesu, also sein letzter, alles einbegreifender Wille und die Pointe seines ganzen Redens, Tuns und Erleidens: »Alle sollen eins sein: wie du, Vater, in mir bist und ich in dir bin, so sollen auch sie in uns sein« (Joh 17,21). In der Einheit Jesu mit dem Vater, in ihrer beiderseitigen Liebe »schon vor Erschaffung der Welt« (17,24), *besteht* Jesu »Herrlichkeit«; und die schenkt er den Jüngern weiter: »Ich habe ihnen die Herrlichkeit gegeben, die du mir gegeben hast; denn (!) sie sollen eins sein, wie wir eins sind, ich in ihnen und du in mir. So sollen sie vollendet sein in der Einheit« (17,22f.). So tritt die Einheit der Menschen aus der Einheit des dreifaltigen Gottes hervor und soll als »vollendete Einheit« darin wieder eingeborgen werden.

Damit stimmt auch überein, dass im Johannesevangelium das ganze Heilswerk Jesu in der Kurzformel zusammengefasst ist: »Er (Jesus) sollte nicht nur für das Volk (Israel) sterben, sondern um die versprengten Kinder Gottes wieder zu sammeln« (11,52). Das entspricht auch der »Pointe«, auf die die synoptischen Evangelien zulaufen. Alle schließen mit dem Auftrag zur Sendung in die Welt; es gilt, »alle« zu Jüngern zu machen und »auf den Namen« des drei-einen Gottes zu taufen, d. h. sie in den trinitarischen Macht- und Beziehungsraum einzugliedern. Kurz: Die Communio, in der der dreifaltige

Gott existiert, soll in der Jüngerschaft Jesu ausgeprägt sein; als solche wird sie dann ausgesandt, um die ganze Welt aus ihrer Zerspaltung heraus- und in die eigene Gemeinschaft (mit Gott und untereinander) hineinzuführen.

Das Zweite Vatikanische Konzil greift diese Sicht des letzten Ziels von Schöpfung und Heilswerk Gottes auf, wenn es sagt: »So soll sich das Ziel des Willens Gottes erfüllen, der das Menschengeschlecht am Anfang als eines gegründet und beschlossen hat, seine Kinder aus der Zerstreuung wieder zur Einheit zu versammeln« (Lumen Gentium 13). Das letzte Ziel heißt also »Einheit«, man könnte besser sagen: »Trinitarisierung« der ganzen Wirklichkeit: Was Gott als trinitarischer Gott ist, sollen und dürfen wir werden.

In mehr traditioneller Sprache heißt dieses Ziel endgültiger und vollendeter Communio mit Gott und untereinander »Himmel«. Dieser ist kein privates tête à tête des einzelnen mit Gott, sondern eine »soziale Größe«. So jedenfalls ist es klar und deutlich in den Bildern der Heiligen Schrift, zumal in der Botschaft Jesu, zum Ausdruck gebracht. Aus der rabbinischen Literatur ist bekannt, dass das Judentum zur Zeit Jesu über eine äußerst farbenreiche Ausmalung der künftigen Welt verfügte. Demgegenüber kennt Jesus nur *ein* Bild für den Himmel: das Bild des gemeinsamen Mahles (Hochzeitsmahls). Ähnlich sieht die Offenbarung des Johannes den Himmel unter dem Bild der Gottesstadt oder auch der gemeinsamen Liturgie – alles soziale Bilder. An Paulus anknüpfend, lässt sich sagen: Der Himmel besteht darin, dass alle durch und durch »Leib Christi« geworden sind, d. h. so eng untereinander vernetzt sind, wie Glieder an einem Leib, die in gegenseitigem Lebensaustausch einander verbunden sind und so mit Christus als »Haupt« und dem Heiligen Geist als »Seele« den einen Leib bilden »zur Ehre Gottes des Vaters«. Himmel ist die Communio der communial gewordenen

Menschheit mit dem »communialen«, dem trinitarischen Gott. Auf dieses Ziel hin sind wir jetzt noch unterwegs. Auch die schon Verstorbenen bei Gott »warten« noch auf die Vollendung dieser Communio. So formuliert es der wohl bedeutendste altchristliche Theologe Origenes:

> »Die von hier scheidenden Heiligen [= Geheiligten, also Christen] erhalten nicht sogleich den vollen Lohn ihrer Verdienste, sondern sie warten auf uns … Gewiß wirst du Freude haben, wenn du als Heiliger aus diesem Lande scheidest, aber vollkommen wird deine Freude erst dann sein, wenn dir keiner der Glieder [am Leibe Christi] mehr fehlt. Warten wirst nämlich auch du, wie du umgekehrt schon erwartet wirst. Wenn es aber für dich, der du Glied [am Leibe Christi] bist, offenbar keine vollkommene Freude gibt, solange auch nur ein Glied fehlt, wie muß da unser Herr und Heiland, der ja das Haupt und der Urheber des Leibes ist, es für geminderte Freude empfinden, wenn ihm noch immer Glieder seines Leibes fehlen? … Er will nicht ohne dich, d. h. nicht ohne sein Volk, das ›sein Leib‹ ist und ›seine Glieder,‹ seine volle Herrlichkeit empfangen«.[39]

Auf vollendete Communio hin ist die Welt, ja ist Christus selbst mit der Welt noch auf dem Wege; das Ziel wird erst dann erreicht sein, wenn die ganze Schöpfung in die Communio des dreifaltigen Gottes eingegangen und Gott »alles in allem ist« (1Kor 15,28). Dann wird sich in unverhüllter Klarheit zeigen, dass Himmel und Erde geschaffen sind, um – wie Jürgen Moltmann formuliert –

> »als das ›gemeinsame Haus‹ aller Geschöpfe zum ›Haus Gottes‹ zu werden, in welchem Gott bei seinen Geschöpfen

ist und seine Geschöpfe ewig bei ihm leben können. Das wird biblisch mit dem Bild vom Tempel Gottes ausgedrückt ... Die Vision der Neuschöpfung aller Dinge nach Offb 21,1–4 enthält mit dem Bild vom himmlischen Jerusalem die Vorstellung, dass am Ende die ganze Welt zum Tempel werden soll, in den die Herrlichkeit Gottes einziehen und ruhen kann«[40].

Als ich vor einigen Jahren für längere Zeit in Peru war, traf ich einen Indio, der zwar nicht lesen und schreiben konnte, der aber in hervorragender Prägnanz, auf – wie mir scheint – geradezu unübertreffbare Weise das Zentrum des christlichen Glaubens in das Wort brachte: »Dios es comunión – Gott ist Communio und deshalb müssen wir Menschen Communio werden!« In dieser knappen Aussage kommt tatsächlich das Entscheidende über den Sinn von Schöpfung und Geschichte und darin auch über den Sinn unseres Lebens zum Ausdruck: Wir Menschen sind geschaffen als Bild Gottes, ihm ähnlich. Aber diese Ähnlichkeit ist erst anfanghaft, keimhaft. Gerade dafür ist uns Zeit, die persönliche Lebenszeit und die »große« Geschichtszeit gegeben, dass wir das Bild Gottes, das wir anfanghaft sind, mehr und mehr in uns und unter uns ausprägen. Wenn nun aber der drei-eine Gott Gemeinschaft ist, so folgt daraus: Genau in dem Maß werden wir ihm ähnlicher, als wir mehr Gemeinschaft werden, als wir aus unserem Insel-Dasein, Narzissmus und Egoismus ausbrechen und communiale, gemeinschaftliche und gemeinschaftsfähige Menschen werden, die dem communialen, gemeinschaftlichen Gott entsprechen. Nur so können wir einmal für immer im Leben Gottes mitspielen.

»Trinitarisierung«: das Ziel der Schöpfung

Nimmt man diese Gesichtspunkte, unter denen wir bisher den Glauben an den drei-einen Gott in seiner Bedeutung für das Menschen- und Schöpfungsverständnis sowie für den Sinn und das Ziel der Geschichte entfaltet haben, zusammen, so zeigt sich: Der trinitarische Glaube ist die konkrete und auch denkerisch plausible Entfaltung des Satzes, dass Gott die Liebe ist, dass er in Liebe mit letzter Radikalität auf die Menschen zugegangen ist und dass Schöpfung wie Geschichte keinen anderen Sinn haben, als sie auszuweiten auf ein gemeinsames Leben der Liebe hin.

Darin dürfte auch der eigentliche »Knackpunkt« zwischen christlicher Religiosität und anderen Gottesvorstellungen liegen. Nicht etwa darin, dass im Bereich des christlichen Glaubens mehr Liebe verwirklicht würde als anderwärts, sondern darin, dass das Christentum gerade mit seinem trinitarischen Gottesbegriff Liebe als Inbegriff aller Wirklichkeit deutlicher, ja unüberbietbar deutlich zur Sprache, zur Erfahrung und damit dann freilich auch zur Entscheidung bringt.

Konsequenzen

Die Menschwerdung des trinitarischen Gottes

Der Glaube an den drei-einen Gott wirft nicht nur ein Licht auf das Menschen- und Schöpfungsverständnis und das Ziel der Geschichte, erst recht klärt und vertieft er das, was das Christentum über die Menschwerdung Gottes und die Erlösung des Menschen, also über die Mitte des Glaubens bekennt.

Um das Gewicht der Menschwerdung recht einzuschätzen, ist noch einmal das in Erinnerung zu rufen, was bereits im Zusammenhang der Schöpfung kurz erörtert wurde: Von Anfang an steht sie mitten im Lebensraum des dreifaltigen Gottes. Sie ist nicht einfach das »Gegenüber« Gottes, von ihm durch einen Abgrund getrennt, sie nimmt immer schon teil am innertrinitarischen Lebensgefüge und Lebensaustausch, da sie geschaffen und geprägt ist vom *Wort Gottes* und erfüllt vom *Geist des göttlichen Lebens*. So betont auch der Johannes-Prolog, dass das Wort Gottes als »Licht und Leben« von Anfang an in der Finsternis leuchtet und immer schon »in die Welt kam«, die »sein Eigentum ist« (Joh 1,9ff.)[41]. Und ganz selbstverständlich ist schon das Alte Testament davon überzeugt: »Der Geist des Herrn erfüllt das All« (Weish 1,7); durch ihn wird die Welt ständig neu am Leben erhalten.[42] Auf diese Weise sind also der Sohn (bzw. das Wort Gottes) und der Heilige Geist von vornherein die personalen Seins- und Lebensprinzipien der Schöpfung; Sohn und Geist sind in ihr ständig am Werk und tun sich machtvoll je und je in der Geschichte kund. Mithin ist der dreieine Gott immer schon in der Welt, und die Welt ist in ihm.

Aber dabei bleibt es nicht. Inkarnation bzw. Menschwerdung Gottes heißt mehr, viel mehr. Der trinitarische Gott ist nicht nur in der Welt wirksam, sondern er wird in Jesus Christus Mensch. Das heißt: der ewige Sohn tritt auf ganz neue Weise in die Schöpfung ein, indem er deren »Teil«, buchstäblich ein »Stück« Schöpfung wird; Gott selbst wird ein »Mitmensch« unter Mitmenschen: er nimmt unsere Geschichte als seine Geschichte an und teilt unser Geschick.

Dabei zielt die Menschwerdung nicht nur auf Belehrung, damit wir durch den Gottessohn nun endlich wissen, wer Gott ist und was dieser von uns verlangt; auch zielt Menschwerdung nicht allein auf Erlösung, damit wir frei werden von der Macht der Sünde und des Todes. So zutreffend dies alles *auch* ist, es geht letztlich um viel Entscheidenderes: Es geht um die nicht mehr steigerbare, bleibende Kommunikation von Gott und Mensch. Der Schöpfer will sich selbst uns vorbehaltlos und unrücknehmbar in seinem Wort und seinem Geist schenken, auf dass wir in der Annahme der angebotenen Gottesfreundschaft »Söhne und Töchter im Sohn« werden und so das Ziel aller Schöpfung, das unüberbietbare, ewig-selige Mitspielen im Leben des trinitarischen Gottes erreichen.

In der Menschwerdung zeigt also der Wille Gottes zur Communio mit seiner Schöpfung seine radikale Zuspitzung. Denn zur nicht mehr steigerbaren Communio gehört, dass Gott auch die Distanz, die zwischen der eigenen Unendlichkeit und geschöpflichen Endlichkeit besteht, zwischen göttlichem Reichtum und kreatürlicher Armut, überwindet und dem Geschöpf sozusagen von gleich zu gleich begegnet.

Diese tiefste Sicht der Menschwerdung Gottes hat in großartiger Weise Sören Kierkegaard in der Geschichte von König und Bettelmädchen illustriert und damit gleichzeitig kommentiert. Die entscheidenden Passagen lauten hier:

> »Gesetzt, es wäre ein König, der ein Bettelmädchen liebte ... Sein Entschluss war leicht auszuführen; denn jeder

Staatsmann fürchtete seinen Zorn und wagte es nicht, auch nur über das Geringste zu mäkeln, und jeder fremde Staat zitterte vor seiner Macht und hätte es nicht unterlassen dürfen, zur Vermählung Gesandte mit Glückwünschen zu schicken, und keiner von dem Gewürm bei Hofe wagte, aus dem Staube nach ihm zu stechen, auf dass ihm nicht sein eigenes Haupt zertreten werde ... Doch erwachte eine Besorgnis in des Königs Seele ... Einsam hegte er den Kummer in seinem Herzen, ob das Mädchen wohl durch die Hochzeit glücklich werde, ob sie den Freimut gewinnen möge, niemals daran zu denken, was der König schlechterdings vergessen wollte, dass *er* nämlich der König war, und *sie* ein Bettelmädchen gewesen«. Würde sie nicht heimlich an dieser Distanz leiden? »Was wäre da der Liebe Herrlichkeit! Da wäre sie ja glücklicher, wenn sie in ihrem Winkel geblieben wäre, geliebt von einem ihresgleichen, zufrieden in der armen Hütte, aber freien Sinns in ihrer Liebe, und frohgemut, spät und früh ...«.

Was sollte der König also tun? Sollte er das Mädchen mit seiner Herrlichkeit faszinieren und in der Bewunderung königlicher Pracht und Hoheit das Mädchen seine Herkunft vergessen machen? »Ach, dies hätte vielleicht das Mädchen befriedigt; aber den König konnte es nicht befriedigen, er wollte nicht seine Verherrlichung, sondern die des Mädchens«.

Was also sollte der König tun? Sollte er das Bettelmädchen verändern, gleichsam »neu gebären«, »umzaubern«? »Aber die Liebe ändert nicht den Geliebten, sondern ändert sich selbst«.

Für Kierkegaard gibt es nur eine Möglichkeit, zwischen König und Bettelmädchen – im Klartext: zwischen Gott und

Geschöpf – die Einheit wahrer Liebe zu schaffen, einer Liebe, welche den andern nicht erdrückt, sich nicht über ihn erhebt, seine Hoffnungen und Ängste, Freuden und Leiden wirklich teilt. Und diese Möglichkeit sieht so aus:

> Ist die Einheit nicht zustande zu bringen »durch ein Emporsteigen, so muss es versucht werden mit einem Herniedersteigen ... Damit die Einheit zuwege gebracht werde, muss denn also der Gott diesem [dem Geschöpf] gleich sein. Und mithin wird er sich dem Geringsten gleich erzeigen. Aber der Geringste ist ja der, welcher andern dienstbar sein muss, mithin in des *Knechtes* Gestalt wird der Gott sich zeigen«. Diese Gestalt ist kein bloßer Umhang, »sondern ist seine wahre Gestalt; denn das ist der Liebe Unergründlichkeit, nicht zum Scherz, sondern im Ernst und in der Wahrheit, gleicher Art mit dem Geliebten zu werden ... Jede andere Art der Offenbarung wäre für die Liebe des Gottes ein Betrug«[43].

Weil also die Liebe Gottes so umfassend sein *will*, dass sie dem Menschen die Erfahrung ersparen möchte, von Gott für immer durch einen absondernden, trennenden Abgrund geschieden zu sein, nimmt Gott in der Person des Sohnes unsere Geschöpflichkeit wahrhaft und wirklich an und teilt unser armseliges Menschenschicksal.

Auch der *Heilige Geist* ist an der Inkarnation beteiligt. Als Bewegung des göttlichen Über-Hinaus[44] ist er die eigentliche Dynamik, die die Menschwerdung ins Werk setzt. So heißt es ja bei der Verkündigung der Geburt Jesu an Maria durch Gabriel: »Der Heilige Geist wird über dich kommen und die Kraft des Höchsten wird dich überschatten« (Lk 1,35); und

Konsequenzen

Josef wird gesagt: »Das Kind, das sie erwartet, ist vom Heiligen Geist« (Mt 1,20). Und weiter: Wie der Geist im göttlichtrinitarischen Leben Band und Garantie der Einheit ist, so verbindet er auf Erden den menschgewordenen Sohn unter allen Bedingungen mit dem Vater (auch da, wo am Kreuz jede Verbindung abgebrochen zu sein scheint). Gerade so ist er auch die Kraft der Auferstehung.

Der *Vater* ist an der Inkarnation dadurch beteiligt, dass er durch seine »zwei Hände« (wie Irenäus von Lyon sagt) wirkt, durch seinen geliebten Sohn und durch den Geist seiner Liebe. Er gibt sie für uns hin und lässt sich durch sie in die Abgründe seiner Schöpfung hineinziehen. So ist er durch beide auch selbst in neuer Weise bei uns, mit uns und für uns und führt das Werk der Schöpfung zur Vollendung.

Wenn die Menschwerdung Gottes in letztem Ernst gemeint ist – und zur Liebe Gottes gehört dieser letzte Ernst –, dann wird Gottes Sohn so wirklich, wahrhaft und gänzlich Mensch, dass nichts von ihm sich aus diesem Menschsein »heraushält«, so als ob er seither zum »Teil« sein göttliches Leben als Mensch lebt und zum anderen »Teil« weiterhin das »innergöttliche«, ewig-selige Leben der Gottheit führt. Gottes Sohn nimmt unser Menschsein wahrhaft und wirklich an, nicht nur als »vorübergehende« Erscheinungsgestalt oder als »Teil« seines eigenen Wesens. Dann wäre die Menschwerdung ohne letzten Ernst, sie bliebe eine Episode gleich einer Theateraufführung, in der der Schauspieler zwar Shakespeares »König Lear« spielt, zugleich aber »weiß« – auch wenn das Wissen im Engagement des Spiels ganz zurücktreten kann –, dass er in Wirklichkeit, sagen wir, Werner Kraus heißt. Er behält seine eigentliche Identität auch »unter« der Maske des Königs Lear weiter, und die vorübergehende Spielidentität kann nach ein paar Stunden wieder abgelegt werden.

So wäre die Menschwerdung Gottes ganz und gar missverstanden. Nein, in der Inkarnation »transponiert«, »übersetzt« Gottes Sohn sein göttliches Leben völlig in eine menschliche Geschichte: Er, der im innertrinitarischen Leben dem Vater und dem Geist gegenüber »ein anderer« – eben eine andere göttliche Person – ist, lebt nun sein innergöttliches Anderssein in der Weise eines Menschen. Wie er innertrinitarisch sein göttliches Leben im Austausch mit Vater und Heiligem Geist empfing und es ihnen zurückschenkte, so erhält er nun *als Mensch* von Vater und Geist sein Leben und gibt es ihnen *im kreatürlichen Gehorsam* zurück. Deshalb bedeutet die Menschwerdung für den Gottessohn eine »Modalität« seines ewigen Personseins selbst (Hans Urs von Balthasar). Das heißt: Er ist nicht ewiger Gottessohn und dann *auch noch* unser Menschenbruder in der Zeit, sondern *als unser Menschenbruder* lebt er seit der Menschwerdung sein ewiges Gottsein in Zeit und Geschichte.

Entsprechendes ist auch vom Heiligen Geist zu sagen, der durch die Menschwerdung sein Grenzen sprengendes und vereinigendes Wirken so in die Welt hineinbindet, dass er sich hier mit dem Seufzen und Stöhnen der noch unvollendeten und nach Befreiung verlangenden Schöpfung vereinigt (siehe Röm 8,22f.).

All das hat nun gewaltige Konsequenzen: *Seit der Menschwerdung Gottes gibt es keine Trinität mehr »in sich«, kein innergöttliches Leben, das sich unabhängig von Welt und Geschichte vollzieht, sondern nur noch »in ihr« und »mit ihr gemeinsam«.* Das innertrinitarische Leben geht – anschaulich gesagt – nicht mehr in himmlischen Höhen weiter; es blickt so-

Konsequenzen

zusagen nicht auf die geschichtlichen Ereignisse »herab« und greift nur vorsehend und gestaltend »von oben her« in sie ein (dabei sind »in himmlischen Höhen«, »herab« und »von oben her« ohnehin ganz und gar unzutreffende, allenfalls nur partiell illustrierende Formulierungen, weil die Schöpfung ja immer schon *im* Leben des dreifaltigen Gottes *eingeborgen* und Gott immer schon *in ihr* am Werk ist). Durch die Menschwerdung Gottes werden nun das Leben von Schöpfer und Geschöpf in einzigartiger Weise und untrennbar miteinander verknüpft. *Wenn Gottes Sohn für immer wahrer Mensch ist und der Geist in die äußersten Abgründe der Schöpfung tritt und der Vater durch beide mit uns auf neue Weise verbunden ist, dann hat sich aus göttlicher Freiheit heraus das »bisherige« innertrinitarische Leben* (im theologischen Fachausdruck: die immanente Trinität) *ganz und gar und für alle Zeiten uns Geschöpfen geöffnet* (die immanente Trinität ist zur »ökonomischen« geworden). *Gott vollzieht seither sein eigenes, inneres Leben unter uns und mit uns Menschen, weil er sich in und durch den menschgewordenen Sohn und in und durch den die Welt erfüllenden Geist ganz und gar in die Schöpfung »hineinverwickelt« hat. Und wir sind als Glieder des Leibes Christi und erfüllt mit seinem Geist auf immer eingeborgen in das interpersonale Leben Gottes; wir stehen im intimen Austausch des göttlichen Lebens »mitten drin«.*[45]

Damit ist das, was über Schöpfung und Trinität ausgeführt wurde,[46] auf eine uns unausdenkbare Weise radikalisiert worden und steht vor uns als geradezu provozierende Anfrage. Denn nicht selten kann man den Eindruck gewinnen, dass auch Christen noch allzu sehr in der Aufklärungstradition stehen, die stark vom deistischen Gottesverständnis geprägt ist. Danach gibt es einen Gott; dieser schuf die Welt als das andere seiner selbst und kümmert sich um sie in dem Maße, wie es notwendig ist, um sie nicht dem Chaos zu überlassen (und zu diesem Sich-Kümmern Gottes zählt dann auch die Menschwerdung). Ansonsten aber führt Gott in seliger Transzendenz sein eigenes göttliches Leben und lässt uns unser Leben führen. Gegen dieses Vorstellungsmodell opponiert der Trinitäts- und Inkarnationsglaube aufs Schärfste. Gott ist nicht einfach der Gott über uns, sondern auch der Gott mit uns, unter uns, in uns. Und wir stehen mitten im Leben Gottes.

Konsequenzen

Erlöst durch Vater, Sohn und Heiligen Geist

Der Prozess der Communio-Werdung wurde durch die Sünde des Menschen gestört und unterbrochen. Denn Sünde ist – kurz und bündig gesagt – der genaue Gegensatz zur Wirklichkeit der Communio, die durch sie gerade ins Gegenteil verkehrt wird. Sünde ist ihrem Wesen nach nichts anderes als Vereinzelung und Isolierung, ein Sich-auf-sich-selbst-Zentrieren, Abbruch des Dialogs mit Gott und Störung gelingender Beziehungen mit dem Mitmenschen. Kurz: sie ist Verweigerung von vertikaler und horizontaler Communio.

Der Sünder will er selbst und nur er selbst sein. Er lehnt es ab, ex-zentrisch zu werden, d. h. sein Zentrum in der Gemeinschaft mit Gott und – damit verbunden – mit den Brüdern und Schwestern zu finden. Stattdessen sucht er Stand in sich selbst. Er krümmt gleichsam sein Herz in sich zusammen und verschließt es. Das Bild vom »cor incurvatum in seipsum«, vom »in sich verkrümmten Herzen« stammt von Augustinus und bringt auf treffende Weise das Wesen der Sünde zur Sprache. Wer in sich verkrümmt ist, vermag nicht mehr in die Weite des Wir zu blicken, er ist eingeigelt in die Enge des eigenen Ich, im erstickenden Kreisen um sich selbst. Indem der Sünder Beziehung verweigert und den Selbstbezug zum Grund seines Daseins macht, schaltet er sich vom Prozess der Trinitarisierung aus.

Dabei ist die Sünde des einzelnen – aufgrund der Vernetzung alles Wirklichen – so mit der Geschichte aller verbunden, dass sie diese durch und durch infiziert. Das gilt besonders von der »Ursprungssünde« der Menschheit, die traditionell die missverständliche Bezeichnung »Erbsünde« trägt. Als faktischen Beginn und bleibendes Vorzeichen der beginnenden Menschheit breitet sie sich ansteckend auf das Ganze der weiterlaufenden Geschichte aus; sie erfasst als böse Macht die ganze communial strukturierte Schöpfung und treibt jeden einzelnen zur persönlichen Sünde, in welcher sie konkret, fassbar und anschaubar wird. So aber ist der Mensch nicht nur »Täter« der eigenen Sünde, sondern auch »Opfer« der Sünde anderer. Auf alle Ebenen des menschlichen Lebens, des individuellen wie des gesellschaftlichen, wirkt die Sünde desintegrierend ein; sie verunstaltet das Antlitz der von Gottes Schöpfungsplan her als Communio gewollten Welt und erzeugt stattdessen Vereinzelung, Spaltung, Hass und Unfrieden.

Das Erlösungswerk Gottes zielt darauf ab, trotz sündhafter Verweigerung die Menschen neu zum Bund mit sich und untereinander zu bewegen. »Immer wieder hast du den Menschen deinen Bund angeboten«, heißt es im Vierten Hochgebet der römischen Liturgie. In immer neuen heilsgeschichtlichen Anläufen, die uns im Alten Testament bezeugt werden, von denen analog aber auch die übrigen Menschheitsreligionen künden, schenkt Gott neue Communio und sucht, zu neuer Communio zu befähigen.

Diese geradezu »unverdrossenen« göttlichen Initiativen finden in der Menschwerdung des Gottessohnes, in Jesus Christus, ihren Höhe- und Zielpunkt. Denn er selbst ist *in Person* die Communio Gottes mit den Menschen, insofern er Gott und Mensch zugleich ist. Die theologische Tradition formulierte dies in ontologischer Redeweise so: In Jesus Christus sind die göttliche und menschliche Natur »unvermischt und ungetrennt« (d. h.: in bleibender Differenz und zugleich größerer Einheit) zusammengefügt. Wird dabei »Natur« in ihrem dynamischen Vollzug betrachtet, so lässt sich auch sagen: In Jesus Christus kommen die beiden gegenläufigen, zum »Bund« gehörenden Bewegungsrichtungen in einer Person zusammen: die Gemeinschaft suchende und Gemeinschaft stiftende Bewegung Gottes zur Welt *und* die antwortende Bewegung der Welt zu Gott.

Konsequenzen

Die Bewegung Gottes zur Welt

Herzstück des erlösenden Handelns Christi ist sein Einsatz für die Communio Gottes mit den Menschen und der Menschen untereinander. Er wurde vom Vater gesandt und ist in den Tod gegangen, »um die zerstreuten Kinder Gottes wieder zu sammeln« (Joh 11,52). Aber nicht erst sein Sterben, sondern sein gesamtes Leben steht unter dem Vorzeichen, Gemeinschaft zu stiften. So formuliert Alexandre Ganoczy: »Inhaltlich ... kann Communio all das decken, was das Ziel des Tuns Jesu selbst war. Denn es ist deutlich, dass das Heil, das Jesus verkündet und verwirklicht hat, völlig unter dem Zeichen der *Einheit* stand. Heil erfahren bedeutet im Evangelium immer: die einende Macht des kommenden Gottes erfahren«[47]. Und der Exeget Joachim Jeremias drückt dies pointiert so aus: »Der *einzige* Sinn der gesamten Wirksamkeit Jesu ist die Sammlung des endzeitlichen Gottesvolkes«.[48]

Der erste Adressat des Einheit stiftenden Handelns Jesu ist das Volk Israel, das aus der äußeren und inneren Zerstreuung befreit und in Gott neu versammelt werden soll. Deshalb setzt Jesus sich für die Überwindung von Grenzen und Trennungen zwischen einzelnen Menschen, verschiedenen Gruppen und sozialen Schichten ein. Durch die Solidarisierung mit den Sündern, Abgeschriebenen und Randexistenzen zeigt er, dass er Ausgrenzungen und Abgrenzungen überwinden und alle zur Gemeinschaft mit sich und untereinander zusammenführen will – zu seiner großen »Familie«, in der es nicht zugehen soll wie sonst in der Welt, wo es Herren und Beherrschte, Große und Erniedrigte gibt. »Vielmehr: wer bei euch groß sein will, soll euer Diener sein; wer bei euch der erste sein will, soll euer aller Sklave sein« (Mk 10,43f.).

Auch die Wunderzeichen Jesu weisen auf das Ziel der Einheit hin. Auffällig ist ja, dass das Neue Testament besonders die Heilung von Aussätzigen sowie von Tauben, Blinden und Stummen hervorhebt. Nun waren Aussätzige aufgrund ihrer Krankheit die Isoliertesten und Verlassensten aller Menschen, ausgestoßen aus jedem gesellschaftlichen Kontakt. Indem Jesus sie heilt, können sie wieder Beziehungen aufnehmen und in die Gemeinschaft mit anderen zurückkehren.[49]

Ähnliches gilt von den anderen Heilungswundern: Ohren, Augen, Stimme sind dem Menschen gegeben zur Kommunikation, sind Mittel der Kommunikation. Durch deren Heilung gibt er den Tauben, Blinden, Stummen wieder die Möglichkeit, neu in den mitmenschlichen Austausch, in ein heiles Zusammenleben mit anderen einzutreten. Auch die oft berichteten Erzählungen über dämonische Besessenheit bringen »ein allgemeines soziales Problem zum Ausdruck: den Abbruch zwischenmenschlicher Kommunikation, eine tiefe Entfremdung in den sozialen Beziehungen«[50]. Nicht selten ist der Besessene stumm, oder er spricht die Sprache des Bösen, die sich seiner bemächtigt hat. Dämonenaustreibung bedeutet somit Befreiung aus Isolierung, Neuermöglichung von sozialen Beziehungen, Wiederherstellung zwischenmenschlicher Kommunikation.

Doch wesentlicher und grundlegender noch ist die Gemeinschaft mit Gott, die durch Jesus Christus neu dem Menschen angeboten wird. Der Angesprochene muss »nur« glauben, d. h. von den selbstfabrizierten Götzen lassen und auf die neue und endgültige Initiative des bundeswilligen Gottes eingehen. Da aber die angesprochenen Menschen in ihrer – für die ganze Menschheit stehenden – repräsentativen Mehrheit weiter beim »Nein« verbleiben, bietet Gott das Äußerste seiner Liebe auf. Gottes Sohn geht ans Kreuz.

Konsequenzen

Von Gott her[51] ist das Kreuz das radikalste Zeichen dafür, dass er das Angebot seiner Liebe auch an eine sich ihm verweigernde Welt durchhält und sich eher kreuzigen lässt, als den Willen zur Gemeinschaft mit ihr zurückzuziehen. Es zeigt also: sein Ja ist stärker als das menschliche Nein. Denn da die Welt stellvertretend durch die, welche Christus kreuzigen, das radikalste »Nein« gegen das endgültige »Ja« Gottes spricht, zeigt sich im Kreuz zunächst einmal das Äußerste an Abgrund zwischen Gott und Schöpfung. Indem der Sohn Gottes aber diesen »Abgrund« sozusagen in sein eigenes Herz schließt, ereignet sich im Kreuz das Äußerste des göttlichen Willens zur Communio mit den Menschen. Im Kreuz spitzt sich ein charakteristisches Merkmal zu, welches das Christusgeschehen als ganzes prägt: die Entäußerung (Kenose) Gottes in die Abgründe der Welt hinein. Gottes Sohn wurde nicht nur Mensch, sondern er nahm – wie Paulus sagt – »Sklavengestalt« an (Phil 2,7), d. h. die Gestalt von jemandem, der unter der Knechtschaft der Sünde, der Verlorenheit und des Todes sein wahres Leben eingebüßt hat. Er tat dies, um eben so seine Liebe im Raum der Nicht-Liebe aufzurichten. Die radikale »Abwärtsbewegung« des Gottessohnes trägt dabei die Züge einer nicht zu überbietenden Paradoxie: Der unendlich Reiche geht ein in die Armut der Schöpfung, die göttliche Herrlichkeitsgestalt nimmt die Form äußerster Ohnmacht und Niedrigkeit an (vgl. 2Kor 8,9), Gott selbst geht ein in das Leiden der Schöpfung, er wird zum *leidenden Gott*.

Dies ist eine Einsicht, die sich in der neueren Theologie immer mehr Bahn gebrochen hat. Bis zum 20. Jahrhundert dachte man meist völlig anders. Ganz auf der Linie des antiken Grundsatzes, den bereits Homer so formulierte:

»Dieses haben die Götter über sterbliches Dasein:
Leben in Leid;
doch sie sind unbekümmert und leidlos«[52],

ging man von der absoluten Leidensunfähigkeit Gottes aus. Leiden wurde als eine Unvollkommenheit betrachtet, die dem absolut vollkommenen Gott infolgedessen abgesprochen werden musste. Doch dieses Argument gilt nur in der Perspektive ontisch-dinghaften Denkens, »in der Ordnung der Liebe ist es anders: Hier ist Leiden geradezu das ›Siegel der Vollkommenheit‹«[53]. Wieso? Der Dichter Gottfried von Straßburg sagt es eindringlich:

»Wem nie geschah von Liebe Leid,
dem geschah auch Lieb von Liebe nie.
Liebe und Leid,
wann ließen die im Lieben je sich scheiden?«[54]

Gilt dies aber nicht ausschließlich von menschlicher Liebe? Ist Gottes Liebe nicht völlig anders, *muss* sie nicht anders sein, damit Gott Gott bleibt? Dagegen ist jedoch einzuwenden, dass es zu jedweder Art von Liebe gehört, sich dem Partner anzugleichen, sein Leben zu teilen, sein Geschick mitzuvollziehen. Wenn Gott also in unergründlicher Freiheit den Menschen liebt, ja *bis zum Letzten* liebt, gehört das leidvolle Betroffensein vom Geliebten zur unausweichlichen Konsequenz solcher Liebe. Ein leidensunfähiger Gott wäre ein der Liebe zum Menschen unfähiger Gott. Damit ist aber auch schon die einzigartige Weise des göttlichen Leidens angesprochen: Während menschliches Leiden meist unfreiwilliges, von außen kommendes Widerfahrnis ist, zeigt sich das Leiden Gottes – weil es in der Unergründlichkeit seiner *Freiheit*

Konsequenzen

gründet – als ein *in* der Liebe zum Geschöpf frei übernommenes Leiden, als Leiden der Liebe und Leiden an der Liebe.

Dabei ist es keineswegs so, dass Gott schlechthin ins Leiden versinkt und uns deshalb dann auch nicht mehr zu retten vermag, wie Karl Rahner gelegentlich gegen diese Konzeption einwarf. Vielmehr ist das Eintauchen ins Leiden für die drei göttlichen Personen unterschiedlich: Es ist der *Sohn*, der als Menschgewordener radikal in unser menschliches Leid verwickelt ist, ja darin geradezu untertaucht, um der Welt die ganz und gar unausdenkbare Liebe Gottes zu erweisen; es ist der *Geist*, der sich mit dem Leiden der Schöpfung vereint, zugleich aber in der äußersten Verlassenheit Jesu am Kreuz die Verbindung mit dem Vater erhält und so zum »Geist der Auferstehung« wird; und es ist der *Vater*, der am Sohn und mit dem Sohn leidet, aber so, dass er selbst als Nichtmenschgewordener – zwar nicht in *unberührter* Seligkeit, aber doch – als »Vater voller Macht«, wie er in den liturgischen Hymnen angesprochen wird, das Leiden der Schöpfung trägt und zu einem guten Ende führt. Es wird also Gott nicht derart in das Leiden hineingezogen, dass ihm das eigene und das geschöpfliche Sein aus der Hand gleitet. Das Leiden der Trinität wird getragen vom Vater, der durch seine beiden »Hände« seine Liebe in der Welt offenbar macht.

So ist in der radikalen Bewegung »von oben nach unten« der Gekreuzigte die äußerste und radikalste Offenbarung der Liebe des bundeswilligen Gottes an die verlorene Menschheit. Er stiftet als Gesandter Gottes neu Gemeinschaft zwischen Schöpfer und Geschöpf und führt damit die Geschichte ihrem Ziel zu: der vollendeten Communio oder – in der Sprache Jesu – dem »Reich Gottes«.

Erlöst durch Vater, Sohn und Heiligen Geist

Die Bewegung der Welt zu Gott

Jesus tritt nicht nur als Gottgesandter auf, sondern ist auch unser Menschenbruder, mehr noch: als solcher ist er der exemplarische Mensch, der die ganze Menschheit in sein Verhältnis zum Vater hineinnimmt und zum Vater führt; er ruft zum Glauben und stellt sich selbst als »Anführer und Vollender« unseres Glaubens vor (Hebr 12,2), d. h. als derjenige, an dem unser Glaube Maß zu nehmen hat, von dem er getragen wird und in dem er sein Ziel findet. Da aber die angesprochenen Menschen sich ihm und seiner Botschaft und damit dem ihn sendenden Vater verweigern, lässt er sich auch dazu in den Dienst nehmen, die angebotene Versöhnung Gottes in stellvertretender Sühne am Kreuz zu beantworten.

»Stellvertretende Sühne«! Beide Glieder dieses Begriffes sind heute in gleicher Weise missverständlich.

Beginnen wir mit der Erörterung dessen, was Sühne bedeutet. Viele Zeitgenossen verbinden mit Sühne – vor allem im Blick auf die blutigen Opfer nicht weniger Religionen und geleitet durch ein falsches Verständnis vom Kreuzestod Christi – ein unerträgliches, geradezu dämonisches Gottesbild. Es ist das Bild eines Gottes, der – in seiner Ehre gekränkt – zürnt und straft oder aus Rachedurst Sühne und Buße verlangt, um – wer weiß! – sich dann doch vielleicht umstimmen zu lassen und sich neu dem Menschen zuzuwenden. Nun lässt sich nicht leugnen, dass es in der Geschichte des Christentums bis heute Rede- und Verstehensweisen des Todes Jesu gibt, die Gott in ein unheimliches Licht rücken. Doch hat all dies wenig oder gar nichts mit der authentischen Botschaft des christlichen Glaubens zu tun.

Nach biblischem Sühneverständnis ist es nicht der Mensch, der aus der Not seiner Gottesferne und -feindschaft damit beginnt, Gott zu ver-sühnen und ihm Sühneopfer oder andere Sühneleistungen anzubieten, sondern er *erbittet* von Gott Sühne, d. h. Ver-Söhnung, Umkehrmöglichkeit, Neuanfang. Gott muss Sühne *schenken*. Er selbst ist es, »der sich mit uns durch Christus versöhnt« (2 Kor 5,18); er erweist uns seine Liebe, »da wir noch Sünder, Feinde waren« (Röm 5,8.10), da wir ihm also von uns aus nichts geben oder vor ihm nichts leisten konnten. Und gerade im entscheidenden paulinischen Text über den Sühnetod Jesu (Röm 3,24f.) wird immer wieder neu gesagt, dass wir »umsonst«, »durch Gnade«, und nicht durch eigene Werke und Leistungen, auch nicht durch Sühneleistungen, erlöst werden. Mithin beginnt das Versöhnungsgeschehen mit Gott selbst, aber er schenkt dem Menschen gerade dadurch Versöhnung, dass er ihn befähigt, mithandelndes Subjekt in diesem Geschehen zu sein, und zwar durch Sühne.

Vom Menschen her besteht dieses Sühnendürfen darin, dass er die von Gott geschenkte Möglichkeit und Befähigung aufgreift, um sich an der Überwindung und »Abarbeitung« des von ihm angerichteten Bösen zu beteiligen. Nur so und nur dann ist Erlösung eine »communiale«, bundesgemäße Wirklichkeit. Natürlich könnte – abstrakt gesprochen – Gott dem Sünder, welcher Communio verweigert, neue Communio einfach aufdrängen, aufzwingen; er könnte die Ablehnung von Communio ganz einfach »vergessen« und den verlorenen Menschen »umzaubern«. Doch dann wäre der Mensch nur willenloser Gegenstand göttlichen Handelns. Gott würde zwar Befreiung vom Bösen gewähren, sich dabei aber über den »Bund«, die Communio, das Miteinander hinwegsetzen. »Wenn Gott« – so Karl-Heinz Menke – »den Sünder nicht entmündigen, ersetzen oder vernichten, sondern zu sich befreien will, kann er nur mit ihm ... handeln«[55]. Deshalb muss auch vom Menschen her die Sünde überwunden und müssen deren Folgen beseitigt werden.

So schreibt bereits Anselm von Canterbury, dass, »wenn die Menschheit sich nach dem Fall wieder erhebt, sie sich aus sich heraus erheben und aufrichten muss«[56]. Sonst würde die ursprüngliche Würde des Menschen nicht wiederhergestellt. Deshalb ist also vom Menschen her ein Mittun in der Form der Sühne erforderlich. Worin besteht sie?

Zunächst einmal gehört zur Sühne die Anerkennung des angerichteten Bösen, das Aussprechen der Schuld, das Aufdecken des eigenen bösen Herzens. Ohne dies kann es keinen neuen Anfang geben.

Ein Zweites kommt hinzu: Es gehört offenbar zum Wesen des Bösen, dass es »fortzeugend immer Böses muss gebären« (Friedrich Schiller), dass es aus sich heraus keinen Halt macht, sondern sich unablässig fortsetzt, ja steigert und mit ungeheurer Dynamik alles zu erfassen sucht. Dieser Prozess wird nur dann unterbrochen, wenn man der aggressiven Dynamik des Bösen standhält und dessen »Fortzeugen« unterbricht. Dies geschieht da, wo man nicht zurückschlägt, wenn man als immanente Folge des eigenen sündigen Tuns oder Verhaltens Böses und Widriges erfährt; wo man die durch die Sünde eingetretene innere Isolierung durchleidet, sich aber dadurch nicht nur noch intensiver auf sich selbst zurückzieht, sondern zu neuem Vertrauen und neuer Liebe bereit ist; wo man die schuldhaft entstandene Beeinträchtigung oder gar den Verlust guten Lebens hinnimmt, ohne sich durch neues böses Tun schadlos zu halten. Kurz: der Kreislauf des Bösen wird dort unterbrochen, wo die Sündenfolgen in Liebe und aus Liebe durchlitten werden, ohne neues Leiden zu bereiten.

Und ein Drittes gehört zur Sühne: die Bereitschaft, neu anzufangen, ein neues Ja zur Gemeinschaft zu sprechen, der man durch das Nein der Sünde geschadet hat oder die man gar zerstört hat.

Konsequenzen

Wo Sühne in diesen drei Dimensionen geschieht, wo der Sünder seine Schuld bekennt und anerkennt sowie im bewussten Durchleiden der Sündenfolgen den Kreislauf des Bösen unterbricht und ein neues, gehorsames Ja zur Liebe Gottes spricht, da wird der von Gott ermöglichte Part des Menschen in der Tilgung der Sünde übernommen, da wird »gesühnt«. Denn auf diese Weise wird das Wesen der Sühne realisiert, auch wenn Sühne sich in vielen Religionen darüber hinaus auch noch in einem oft blutigen Opferritual ausdrückt. Aber nicht das Ritual ist die Sühne, sondern die sich darin öffentlich und so auch verbindlich ausdrückende Gesinnung. Ihrem Wesen nach ist Sühne – so Norbert Hoffmann – »die spiegelbildliche Umwendung der Sünde als Verletzung von Bund«; sie ist »die kraft der Liebe in ihren Gegensatz umgelittene Sünde«[57]. War die Sünde ein Nein gegen die Communio mit Gott und dem Nächsten und verleiblichte sich dieses Nein in einer der abertausend konkreten Variationen des Bösen in der Welt, so bedeutet Sühne ein neues Ja zu Gott, das sich gleichfalls zu verleiblichen hat in einer der unendlich vielfältigen Weisen konkreter Liebe.

Da nun die Menschheit zu solcher »Sühne« und damit zu einem von Gott initiierten Neuanfang nicht bereit ist, übernimmt Jesus Christus als unser Menschenbruder gewissermaßen unseren Part.

Solche Stellvertretung[58] – und damit kommen wir zum zweiten missverständlichen Begriff – ist möglich auf Grund der bereits skizzierten communialen Struktur des Menschseins.[59] Weil Person wesenhaft durch Beziehung bestimmt ist, kann sie auch durch andere, mit denen sie in konstitutiven Beziehungen steht, vertreten, was nicht heißt: ersetzt werden. Ersetzt werden kann man in dem, was man sachhaft tut: in seinem »Job«, in bestimmten Funktionen, die man zu absolvieren hat. Wenn es da einen »Ersatzmann« (oder eine Ersatzfrau) gibt, fällt man selbst aus, fällt heraus, wird nicht mehr in Rechnung gestellt. Wer dagegen vertreten wird, gehört dazu und nimmt lebendigen Anteil am Tun des Stellvertreters: entweder ist er durch den Stellvertreter eingeladen, *erstmals*, sobald er selbst dazu fähig ist, an die Stelle, an der er »vorläufig« vertreten wird, zu gelangen oder aber, sobald wie möglich, dorthin, wo er schon einmal stand, *zurück*zukehren. In jedem Fall ist die Möglichkeit von Stellvertretung wesenhaft eine Größe im Netzwerk personaler Beziehungen, eine Konsequenz der communialen Struktur der Schöpfung.

Da Jesus Christus – auf Grund des Geistes, der von ihm aus auch auf uns überströmt und uns mit ihm vereinigt – mit uns allen in personaler Beziehung steht, kann er uns auch vor Gott vertreten und stellvertretend für uns das Werk der Sühne, der personalen Aufarbeitung des Bösen tun. Er tritt in das Geflecht unserer menschlichen Schuld ein und nimmt deren Konsequenzen auf sich: Lieblosigkeit und Hass, Einsamkeit und Ohnmacht, Angst und Aggression, Gottesferne und Tod. Als das »Lamm Gottes«, das sich mit der Sünde der Welt beladen lässt, trägt er »unsere Sünden an seinem Leib selbst auf das Holz (des Kreuzes) hinauf« (1Petr 2,24). Er deckt sie damit öffentlich als Sünde auf und erkennt sie als Sünde an. »Seht, das ist der Sünder-Mensch!« (»Ecce homo«). In der übermächtigen Erfahrung des Gemeinen, Destruktiven und Tödlichen hält er dem Bösen leidend stand und unterbricht so den Kreislauf des Bösen, ohne neues Böses zu schaffen. Fürbittend spricht er für uns ein neues Ja zur Communio mit Gott und untereinander. So wird die durch die Sünde zerbrochene Communio Gottes neu instand gesetzt. Nicht von ungefähr steht dafür die Gestalt des Kreuzes auch als Symbol; es ist das Zeichen für die Einheit der Grunddimensionen der Wirklichkeit: oben – unten, rechts – links (Gott – Mensch, Mensch – Mensch).

Da im Kreuzesgeschehen allumfassende Communio wiederhergestellt wird, ist das Kreuz *der Sache nach* der eigentliche »Ort« der Auferstehung. Dies wird auch durch folgende Überlegung bestätigt: Wenn Leben und Sterben Jesu Christi die äußerste Offenbarung des drei-einen Gottes ist, kann der Tod nicht den totalen Abbruch der Beziehung zwischen Vater und menschgewordenem Sohn herbeiführen. Gleich als ob erst vom Nullpunkt der Vernichtung aus, in einem zweiten, neuen Akt Gottes, die Auferweckung aus dem Tod erfolgen müsste. Dem steht das Wirken des Heiligen Geistes entgegen. Das ewige trinitarische Geschehen, in welchem Vater und Sohn sich gegenseitig den Geist schenken und in ihm miteinander verbunden sind, »konkretisiert« sich am Kreuze so, dass im Todesschrei der menschgewordene Sohn seinen Geist, den Träger des Lebens, in die Hand des Vaters zurücklegt. »In deine Hände lege ich meinen Geist« (Lk 23,46). Und diesen vertrauenden Gehorsam des Sohnes beantwortet der Vater *im Augenblick des Todes*, da alle Beziehungen abgebrochen werden, mit der »Gegen-Gabe« des »Geistes der Auferstehung«. So geschieht Rettung aus der Gewalt des Todes und Eröffnung neuen Lebens in der Herrlichkeit Gottes. Weil man dies aber dem Kreuz nicht »ansieht«, weil – allgemeiner gesprochen – zu einem »Ereignis« gehört, dass es zum »Er-äugnis« wird, d. h. dass es wahrgenommen wird, muss die Auferstehung durch *nachfolgende* Zeichen (z. B. durch »Erscheinungen« des Auferstandenen, Auffinden des »leeren Grabes«) zuallererst kundgemacht werden.[60]

Auch für das Johannesevangelium ist das Kreuz der »Ort« der Auferstehung. Denn hier wird der Heilige Geist, der Geist des Lebens, für uns neu entbunden. Im Augenblick des Todes – so heißt es – »gab er (Jesus) den Geist hin« (Joh 19,31); und aus seinem durchbohrten Herzen entströmen Blut und Wasser: die biblischen Symbole für geistgewirktes Lebens. So bleibt das, was am Kreuz durch Jesus Christus geschehen ist: das Nein zur Gemeinschaft zerstörenden Sünde, das neue Ja zur Communio und der Empfang des Auferstehungslebens nicht auf ihn beschränkt, sondern weitet sich durch den Heiligen Geist auf uns alle aus. Dadurch wird der Auferstandene zum »neuen Adam« (1Kor 15; Röm 5), zum Anfang einer neuen Menschheit, die ihrer schöpfungsmäßigen communialen, trinitarischen Bestimmung entspricht.

Das Erlösungsgeschehen ist mithin nur verstehbar, wenn man es nicht als das Werk eines »einsamen«, monarchischen, sondern des dreipersönlichen Gottes sieht, der auf dreifach spezifische Weise dem Menschen Anteil an jener Gemeinschaft des Lebens gibt, die er selbst ist:
Der *Vater* ist Ursprung, Grund und Ziel aller Communio, er sendet den Sohn und den Heiligen Geist, um den verlorenen Menschen aufs Neue in sein Leben zu ziehen.
- *Jesus Christus*, der »Mittler« handelt gleichsam in zwei Richtungen: (1) als »Sohn« und »Wort« des Vaters – also gewissermaßen »von oben« – teilt er uns endgültig und radikal die Liebe Gottes mit, (2) als unser »Bruder« und »Stellvertreter« spricht er – sozusagen »von unten« – sein (sühnendes) Ja für uns zum Vater. Dadurch knüpft er die Menschen unlösbar zur Einheit mit Gott und untereinander zusammen und richtet das definitive Leitbild für wahrhaft gelingendes Menschsein auf.
- Der *Heilige Geist* erwirkt durch seine Gegenwart in der Welt jene innere Entsprechung und Befähigung (das »neue

Konsequenzen

> Herz«), welche die »äußere« Gestalt Christi und seine »äußere« Einladung zur Communio zur inneren Lebensform des Glaubenden macht im Sinne des Paulus-Wortes: »Nicht mehr ich lebe, sondern Christus lebt in mir« (Gal 1,20). Der Geist drängt dazu, sich durch Glauben und Nachfolge den Weg Jesu persönlich zu Eigen zu machen, also an die »Stelle« des Stellvertreters zu gehen, sowie – selbst unter Anfechtungen und Bedrängnissen – in Geduld und Hoffnung die Vollendung der Erlösung zu erwarten.

Was der drei-eine Gott so in der unableitbar freien Initiative seiner Liebe getan hat und tut, kann und muss vom Menschen angeeignet und »realisiert« werden. Dies geschieht nachösterlich in der Kirche, in der Sammlung der Jünger Jesu; von ihr aus soll die ganze Welt zur Einheit gebracht werden – zur Einheit mit Gott und untereinander.

Kirche als »Ikone« der Trinität

»Alle sollen eins sein« – lautet das letzte Vermächtnis Jesu – »wie du, Vater, in mir bist und ich in dir bin« (Joh 17,21). Das heißt[61], die Communio, in der der dreifaltige Gott existiert, soll in der durch Christus erlösten Jüngerschaft ausgeprägt und durch sie universal ausgeweitet werden. Deshalb wird sie ausgesandt, um die ganze Welt aus ihrer sündigen Zerspaltung heraus- und in die eigene Communio mit Gott und untereinander hineinzuführen. Eben das ist Kirche. Sie, die selbst durch das Wirken des Pfingstgeistes entstand, der die vielen verschiedenen, die Menschen voneinander trennenden Sprachen zum Einklang und Verstehen gebracht hat, sie soll hinfort – wie das Zweite Vatikanische Konzil sagt – »gleichsam Sakrament, das heißt Zeichen und Werkzeug für die innigste Vereinigung mit Gott wie für die Einheit der ganzen Menschheit« sein (Lumen Gentium 1). In ihr und durch sie soll jene Communio und Communicatio verwirklicht werden, zu der alle Menschen gerufen sind.

Die Kirche, die mithin »Zeichen und Werkzeug« für das Ziel aller Schöpfung, die Trinitarisierung der Wirklichkeit, ist, stellt sich nun selbst in ganz besonderer Weise als Bild der Trinität dar. Und sie ist nur dann wahrhaft Kirche, wenn sie sich darum müht, dieses ihr trinitarisches Bildsein mehr und mehr zu verwirklichen.

In einem wichtigen Dokument der sogenannten Dialogkommission der römisch-katholischen Kirche und der orthodoxen Kirchen steht der Satz: »Die Kirche macht kund, was sie ist: das Geheimnis der trinitarischen Koinonia [= Communio]«. Dieses Wort, wonach die Kirche die eigentliche Kundgabe und das wahre Bild der Trinität ist, hat eine lange Geschichte. Schon bei

Konsequenzen

Cyprian von Karthago († 258) findet sich die Aussage, dass die Kirche »das von der Einheit des Vaters, des Sohnes und des Heiligen Geistes her geeinte Volk Gottes ist«, ein Wort, das vom Zweiten Vatikanischen Konzil aufgegriffen wurde (Lumen Gentium 4). Schon vorher hatte Tertullian (um 150 – 220) geschrieben: »Wo drei, der Vater, der Sohn und der Geist sind, ist auch die Kirche ..., welche den Leib der drei bildet«[62]. Welch unerhörtes Bild! Die Kirche – der »Leib«, also die »Ausdrucksgestalt« des dreifaltigen Gottes. Auf dieser Linie heißt es auch im Ökumenismusdekret des Vaticanum II: »Das höchste Vorbild und Urbild der Kirche ist ... die Einheit des einen Gottes, des Vaters und des Sohnes im Heiligen Geist in der Dreiheit der Personen« (Unitatis redintegratio 2). Dadurch dass in der Überschrift dieses Abschnitts das Wort »Ikone« (der Trinität) verwendet wurde, sollen die verschiedenen Dimensionen dieses Sachverhalts zusammengefasst werden. Denn nach ostkirchlichem Verständnis ist eine Ikone nicht nur Abbild eines Vorbilds, sondern auch dessen Vergegenwärtigung und Wirkraum. So meint der Ausdruck »Ikone der Trinität«: Die Kirche ist – als das Volk Gottes des Vaters, der durch Christus und den Heiligen Geist Menschen zu seinem Volk versammelt – Bild, aber auch »Leib«, Raum und Frucht trinitarischen Wirkens.

Diese Feststellung ist zunächst einmal eine *idealtypische*. Und das sollte auch für die folgenden Ausführungen nicht vergessen werden. Es geht hier vor allem um die Darlegung dessen, was die Kirche von Gott her sein darf, was sie zu sein hat und woran sie zu messen ist. *In Wirklichkeit*, in ihrem faktischen Dasein aber ist die Kirche ein – wie Augustinus sagt – »corpus permixtum« – »eine höchst gemischte Gesellschaft«. Sie ist nicht nur Bild des drei-einen Gottes, sondern immer auch dessen Zerrbild, ja Gegenbild. Aber gerade deshalb bedarf sie auch eines Vor-Bildes, an dem sie sich auszurichten, zu normieren und korrigieren zu lassen hat. Und eben dieses Urbild ist der drei-eine Gott. Sehen wir genauer zu.

Der Vater ist es, der die Menschen zu seinen Söhnen und Töchtern machen möchte und sie deshalb zur Einheit mit sich und untereinander zusammenfügt. In diesem Werk haben Christus und der Heilige Geist zwei verschiedene Funktionen.

Jesus Christus, als göttlicher Sohn das »Gegenüber« des Vaters, wird in dessen Vollmacht und Autorität in das »Gegenüber« zu den Menschen gesandt, um ihnen die Nähe und Liebe, Weisung und Verheißung Gottes zu bringen. Von ihm her erhält darum die Kirche Grund und Gestalt, Orientierung und Norm. Sie wird also in der »forma Christi« zur Einheit zusammengeführt, d. h. sie wird eins, indem ihr die Gestalt Christi, sein Vorbild, seine Weisungen, seine Verheißungen eingeprägt werden. So gesehen ist die Kirche »creatura Verbi« – »Geschöpf des göttlichen Wortes«, wie Martin Luther sie definiert. Als geliebtes »Gegenüber«, für das Christus sein Leben hingab, ist sie – im biblischen Bild gesprochen – seine »Braut«, an der er in unwandelbarer Treue festhält und die sich ihrerseits der Kreuzeshingabe ihres Herrn verdankt.

Der Heilige Geist ist dagegen in seinem Wirken nicht gekennzeichnet durch das Stichwort »Gegenüber«, sondern durch »Vereinigung«, »In-Sein«. Vom Geist her wird darum das charakteristische Element der Sendung Christi: die ihm von Vater verliehene Vollmacht und Autorität, mit der er den Menschen *gegenüber*tritt, in eine größere Einheit »aufgehoben« (ohne dass deshalb das ständige Voraus und Gegenüber Christi verschwindet): Christi Wort und Wirken werden durch den Geist so verinnerlicht, dass Christi Wort und die glaubende Antwort des Menschen, Christi anordnende Weisung und die spontan-willige Fügsamkeit des Menschen sich zur vollen Einheit zusammenfügen. So kann dann der Glaubende sagen: »Nicht mehr ich lebe, sondern Christus lebt in mir« (Gal 2,20) und die Kirche darf sich verstehen als »die Fülle dessen, der alles erfüllt« (Eph 1,23). Im Blick auf den Geist ist die Kirche darum dessen »Tempel«; sie ist der »Leib«, der die Präsenz von Sohn und Geist *in sich* bergen darf.

So also ist die Kirche *christologisch*, d. h. von Christus und seiner Sendung her gesehen – im biblischen Bild – »Braut Christi«, sein geliebtes »Gegenüber«, das sich dessen Gestalt hat einprägen lassen, *pneumatologisch* aber, d. h. im Blick auf das einheitswirkende Schaffen des Geistes betrachtet, ist sie »Leib Christi«, die seine Herrlichkeit gleichsam von innen her ausstrahlt und Christus in seiner vollendeten Gestalt darstellt (vgl. Eph 4,13; 2Kor 3,18).

Insofern der Heilige Geist jene göttliche Person ist, die Einheit erwirkt *und* das göttliche Leben überströmen lässt, ist er für die Kirche das »Prinzip«, das sowohl eint wie auch (um der Fülle und Vielfalt willen) unterscheidet (genauer noch: das unterscheidet, um zu einen – das eint, um zu unterscheiden). Gerade so ist der Geist das Prinzip der unterschiedlichen Begabungen und Berufungen der verschiedenen Glieder des einen Leibes, deren persönliche Unmittelbarkeit zu Gott er verbürgt. Dieses Wirken des Geistes ist für das Christ- und Kirchesein unabdingbar.

Machen wir einmal ein Gedankenexperiment. Stellen wir uns vor, es gäbe nur Gott Vater und Jesus Christus, nicht den Heiligen Geist. Dann würde Kirchesein darin bestehen, dass ein jeder, insofern er ja durch die Taufe die »forma Christi« eingeprägt bekam und zur Nachfolge berufen wurde, auf möglichst exakte Weise die Gestalt Christi nachahmt, imitiert. Der perfekte Christ wäre dann derjenige, der die perfekte Kopie Christi ist; modern gesprochen: der perfekte Christ wäre der »geklonte Christus«; und Kirche wäre dann am vollkommensten, wenn sie eine Gemeinschaft von Menschen wäre, die ihre Identität darin besäße, möglichst uniformiert, in ganz gleicher Weise Christus nachzuahmen. Genau diese schreckliche Konsequenz wird durch den Heiligen Geist und dessen Wirken verhindert. Er ist die Garantie dafür, dass die Einheit des Volkes Gottes sich gerade nicht uniformistisch, sondern in der Vielfalt unterschiedlichster Formen und Begabungen (Charismen) vollzieht und dass sich diese Vielfalt des Unterschiedlichen im gegenseitigen Austausch zur Einheit zusammenfügt. Denn eben das ist ja – wie wir sahen – trinitarische Einheit: nicht Uniformität, aber auch nicht Addition und Summe von Differenten, sondern das Miteinander und Füreinanderdasein unterschiedlicher Personen. Communio vollzieht sich als »perichoretische Einheit«[63], d. h. als eine Gemeinschaft, in der jeder teilhat am Besonders-Sein des andern.

Deshalb sollten auch alle Unterschiede in der Kirche (ob man nun Amtsträger oder Laie, Ordens- oder Weltchrist, Verehelichter oder Eheloser, ein zu Kontemplation oder Aktion Berufener ist) nicht als etwas exklusiv Unterscheidendes, ja Trennendes gesehen werden, das die einzelnen als ihre »höchstpersönliche« Berufung, ihr besonderes Privileg, ihre spezifische Machtbefugnis betrachten und dafür Respektierung seitens der »anderen« einfordern und gegebenenfalls darum kämpfen. Vielmehr sind alle unterschiedlichen Begabungen, Funktionen und Stellungen in der Kirche in Analogie zum trinitarischen Leben Gottes zu betrachten. Und hier gilt – so wurde bereits ausgeführt: Was dem einen gehört, gehört auch dem andern, was der eine hat, besitzt auch der andere, was der eine vollbringt, vollzieht er zusammen mit den andern und in den andern. Das bedeutet, auf die Kirche als Bild der Trinität gewandt, dass in ihr jeweils der *Einzelne* mit seiner ganz spezifischen, je unterschiedlichen Berufung und Befähi-

Konsequenzen

gung auf besondere und ausdrückliche Weise das tut oder erleidet, was im Prinzip *allen* zu tun oder zu ertragen ansteht, so dass alle das besondere Tun und Erleiden des je Einzelnen als *ihr Gemeinsames* anerkennen und entgegennehmen.

Die Probe aufs Exempel für eine solche Einstellung sind Fragen wie: Können sich kirchliche Amtsträger und Ordensleute von Herzen darüber freuen, wenn Laien tiefer und entschiedener das Evangelium leben als sie selbst oder wenn von ihnen die eigentlich entscheidenden Impulse für das kirchliche Leben ausgehen? Umgekehrt: Können Laien sich darüber freuen und es sich »gefallen lassen« (= ihr Gefallen daran finden), dass es Amt, geistliche Vollmacht und Leitungsbefugnis in der Kirche gibt? Kann ich es nicht nur ertragen, sondern bin ich davon fasziniert, dass andere ein geisterfülltes Wirken aufweisen, das ich selbst nicht zusammenbringe, sondern mir von ihnen »vorhalten« lassen muss? Umgekehrt: Bin ich innerlich so »einfach«, um für das, was der Geist mir persönlich geschenkt hat und schenkt, die Anerkennung der anderen entgegenzunehmen, ohne mich deshalb – im paulinischen Sinn – zu »rühmen« (vgl. 1Kor 4,7)? Diese exemplarischen rhetorischen Fragen wollen konkret darauf hinweisen, dass gerade in der gegenseitigen Anerkennung, im Austausch und in der Mit-Teilung des je Besonderen und Eigenen die Communio-Einheit der Kirche zustande kommt (ohne dass dies deshalb konfliktfrei abgehen muss; aber auch die Konflikte sind in communialer Gesinnung durchzustehen!).

Nach diesen Ausführungen über den Heiligen Geist zurück zur trinitarischen Gestalt der Kirche. Sie wird – wie wir anfangs sagten – versammelt durch Gott den *Vater* und findet ihre Gestalt *durch Christus* in der *durch den Geist* gewirkten Mannigfaltigkeit ihres Lebens. Oder anders gesagt: Sie ist geprägt von der

Kirche als »Ikone« der Trinität

»objektiven Gestalt« Christi und vom »inneren Leben« des Geistes, von der »äußeren, auf Christus verweisenden Erscheinung« und von der »inneren Kraft des Geistes«. Die äußere, objektive »christologische« Gestalt teilt mit und trägt die Präsenz des Geistes, und der Geist drängt dazu, jedem auf ganz verschiedene Weise die Gestalt Christi einzuprägen. Auch hier gilt das »Prinzip«: Gestalt will Leben werden, Leben will Gestalt finden. Beides sind deshalb untrennbare Aspekte, die sich so wenig widersprechen wie Vater, Sohn und Heiliger Geist, und die anzeigen, dass die Kirche als Geschöpf des drei-einen Gottes in einer großen trinitarischen Bewegung steht: Sie ist das Volk Gottes des Vaters, das dieser durch den Sohn im Heiligen Geist schafft und dem infolgedessen je verschiedene, und doch sich ergänzende Grundzüge eingeprägt sind. Gerade dadurch soll sie Communio werden: Einheit untereinander in variationsreicher Vielfalt.

Zu Recht betont Hermann-Josef Pottmeyer, der gleichfalls die unterschiedlichen trinitarischen Bezüge aufzeigt:

> »Wird einer dieser trinitarischen Bezüge unterbewertet oder vergessen, wird das Leben der Kirche als Abbild des dreifaltigen Gottes zutiefst gestört. Wird der Bezug zum Vater vergessen, schwindet die gemeinsame Würde und Sendung aus dem Blick, die Grundlage der communio. Wird die Kirche nicht mehr als Leib Christi verstanden, bricht die communio ... der Glaubenden auseinander in die vielen, die sich gegeneinander auf den Geistbesitz berufen. Wird schließlich vergessen, daß die Kirche Tempel des Heiligen Geistes ist, erstarrt sie zu einer Hierokratie [= Priesterherrschaft], dem Zerrbild der communio«.[64]

Kirche wird dann zu einem uniformistischen, zentralistisch-gleichgeschalteten Kadergefüge.

Konsequenzen

Der vergessene Heilige Geist

Das gerade als Gefahr angedeutete »pneumatologische Defizit« ist tatsächlich für die römisch-katholische Kirche ein gutes Stück weit charakteristisch geworden. Als zu Beginn des 2. Jahrtausends das trinitarische Denken zurückging, begründete man theologisch Kirche nahezu ausschließlich nur noch im Blick auf die Christologie und von der Christologie her. Das heißt: Man stellte die Kirche fast nur noch als Werk und Wirkraum Jesu Christi dar, indem man folgenden Gedankengang entfaltete: Als Jesus Christus sein irdisches Leben beendete hatte, setzte er als seinen sichtbaren Stellvertreter auf Erden Petrus und dessen Nachfolger, den Papst, ein. Infolgedessen sind Papst und Papsttum das Einheits- und Konstruktionsprinzip der Kirche. Diese ist danach gewissermaßen ein geschlossenes System, wie eine Pyramide, an deren Spitze in der Autorität Christi der Papst steht, der kraft seiner plena potestas (unbeschränkten Vollmacht) die Einheit der Kirche zentral besorgt. Ein solches Verständnis von Kirche aber ist im Grunde ein a-trinitarisches, um nicht zu sagen anti-trinitarisches Kirchenbild. Man geht von einem abstrakten Einheitsbegriff aus und folgert: Ein Herr und Christus – ein Papst – eine Kirche.

Ganz anders stellt sich die Kirche dar, wenn man trinitarisch denkt (wie die Kirchen des Ostens es immer getan und deshalb auch nie den Gedanken einer Papstkirche ausgeprägt haben). Trinitarisch gesehen hat die Kirche Bild des communialen Gottes zu sein und muss deshalb selbst communiale Züge tragen, konkret: In ihr muss der Gedanke der Einheit mit dem der Vielheit, muss die Christologie mit der Pneumatologie vermittelt sein. Wie die Einheit Gottes nicht *vor* seiner Ausfaltung in drei Personen liegt, sondern gerade *im* gegenseitigen Wechselspiel ihres Lebensaustausches liegt, so darf auch die Einheit der Kirche nicht vor der Vielfalt der Ortskirchen liegen, sondern sie ist gerade das eine Wechselspiel, der eine Lebensaustausch der vielen Orts-, d. h. Bischofskirchen.

Das Zweite Vatikanische Konzil hat diese uralte katholische Idee dadurch wieder zu beleben versucht, dass es zum Verstehen der Kirche bei der Ortskirche ansetzte: »In ihnen und aus ihnen besteht die eine und einzige katholische Kirche« (Lumen Gentium 23). Damit versuchte das Konzil, die Ekklesiologie wieder trinitarisch zu strukturieren: Wie der eine Gott sich im Miteinander und Füreinander der drei Personen verwirklicht, so verwirklicht sich die eine Kirche Gottes konkret in der Vielfalt von Ortskirchen und ihrem Beziehungsnetz. Eben deswegen ist für das Vaticanum II die Kirche eine Einheit in und aus Vielheit; die eine Kirche ist ihrer Struktur nach ein – wie das Konzil ausdrücklich sagt – »corpus Ecclesiarum«, »eine Gemeinschaft von Kirchen« (Lumen Gentium 23). Einheit und Vielheit/Vielfalt also in einem!

Für diese Communio der Kirchen spielt der Bischof die entscheidende Rolle: er ist zunächst einmal die integrierende Mitte seiner Ortskirche (deren Zustimmung er von alters her [leider anders als heute] *bedarf*, um überhaupt sein bischöfliches Amt ausüben zu können!). Aber er besitzt dieses sein Einheit stiftendes Amt nur in der Weise, dass er durch die Weihe eo ipso in das collegium Episcoporum – Bischofskollegium – aufgenommen wird. Hier, im weltweiten Bischofskollegium, vertritt er die spezifische Eigengestalt und Eigenart seiner Ortskirche, die somit gerade durch den sie repräsentierenden Bischof in Communio und Communicatio mit den übrigen Ortskirchen steht. So ist der Bischof der Angelpunkt zwischen Ortskirche und Universalkirche als einer Gemeinschaft von Kirchen. In ihrem kollegialen Miteinander, in der Einheit des Bischofskollegiums, stellen die vielen Bischöfe, die jeweils ihre Kirchen vertreten, die Fülle und Vielfalt des Katholischen dar.

Von hier aus und nur von hier aus wird dann auch die – freilich historisch erst ziemlich spät reflektierte – Stellung und Aufgabe des Petrusamtes verständlich. Während die einzelnen Bischöfe im Kollegium die Vielfalt ihrer Ortskirchen repräsentieren, ist der Papst – als Bischof von Rom ein Mitglied des Bischofskollegiums und als Nachfolger des Petrus zugleich Haupt des Kollegiums – als eben dieses Haupt Zeichen und Instrument für die Einheit des collegium Episcoporum und *dadurch auch* für die Einheit der Gesamtkirche. Der Papst besitzt also seine besondere Stellung und Vollmacht *als* Haupt des Bischofskollegiums, d. h. als wirksames Organ ihrer Einheit. In der Erfüllung dieser seiner Einheit stiftenden Aufgabe hat er all das zu tun, was dem Miteinander der Bischöfe und ihrer Kirchen dient, was es ermöglicht, erleichtert oder Schaden von ihm fernhält. Kurz: Das Papstamt ist Dienst am Miteinander der vielen Ortskirchen, an der weltweiten Communio der katholischen Kirche. Diese hat als Bild der Trinität eine trinitarische Einheit zu verwirklichen: Einheit in Vielfalt/ Vielheit – Viel- falt/Vielheit auf Einheit hin. Nur so ist sie Bild des trinitarischen Gottes. Sie ist nicht und darf nicht sein ein römisches zentralistisches System und damit Bild eines einsamen, unitarischen Gottes. Dies vermag gerade der Blick auf das Wirken des Heiligen Geistes zu verhindern.

Aber noch in einer zweiten Hinsicht hat der Geist ins Spiel zu kommen. Es war schon davon die Rede, dass in einer nichttrinitarischen Ekklesiologie die Kirche wesentlich christologisch begründet wird, so wie bis heute im römischen System: »Ein Gott und Herr – ein Papst – eine Kirche!« Auch das ist eine arge Verkürzung. Schon bei Irenäus von Lyon findet sich der Gedanke, dass Gott durch Jesus Christus *und* durch den Geist als seine zwei Hände das Heilswerk vollzieht. Damit ist auch in die Kirche eine unzertrennbare, aber doch klar zu unterscheidende Doppelstruktur, die christologische und die pneumatologische, eingezeichnet, von denen keine in ihrer spezifischen Eigenart übersehen werden darf, wenn die Kirche in ihrem Wesen nicht krank werden soll.

Von einem ersten Gesichtspunkt her ist die Kirche tatsächlich Werk Christi; sie ist – wie wir bereits sahen – »creatura Verbi«, zusammengeführt durch sein Wort und Handeln. In der Autorität des Vaters ist und bleibt er das ständige Voraus der Kirche, die sich stets an seinem Wort und seiner Gestalt zu normieren hat.

Doch ist die Sendung Christi nur eine der beiden Hände des Vaters. Der Vater streckt – als seine »zweite Hand« – den Geist aus. Er ist das gemeinsame Band von Vater und Sohn, von Gott und Schöpfung. Und so ist es auch der Geist, der das charakteristische Merkmal der Sendung und des Auftrags Christi, nämlich die Vollmacht, mit der er vom Vater her den Menschen gegenübertritt, in eine höhere Einheit und Gemeinsamkeit aufhebt. Durch den Geist wird Christus – wie schon aufgezeigt – zum inneren Lebensprinzip der Kirche und jedes einzelnen. Er schafft Vielfalt und zugleich Einheit und Gemeinschaft; er drängt dazu, allem die Gestalt Christi einzuprägen. Denn das Leben des Geistes will Christus-Gestalt annehmen, so wie die Christus-Gestalt geist-»volles« Leben werden will.

Beides ist in seiner spezifischen Eigenart untrennbar miteinander verbunden, so wie Christus und Geist zwei verschiedene Hände und doch Hände des einen Vaters sind, der sich durch beide sein Volk schafft.

Konsequenzen

Das hat nun erhebliche Konsequenzen für die Art und Weise, wie Kirche strukturiert ist und wie sich ihr Leben vollzieht. Denn die »christologische Hand« des Vaters ist gekennzeichnet durch Sendung und Vollmacht; es gilt, die Gestalt Christi der ganzen Schöpfung einzuprägen. Auf dieses Ziel hin ist auch die hierarchische Gestalt des Amtes ausgerichtet, da durch das Amt Sendung und Vollmacht Christi durch die Geschichte weitergehen sollen. So gesehen kann man tatsächlich eine vertikale hierarchische Linie von bevollmächtigter Sendung schreiben: Gott – Christus – Petrus – Papst – Bischof – Priester – bis schließlich hin zum »gewöhnlichen Laienvolk«. Und genau das ist das Vorstellungsbild der westlich-römischen Ekklesiologie und der westkirchlichen Praxis. Nicht, dass man in dieser Konzeption den Heiligen Geist ganz vergessen hätte – das nicht! –, aber man parallelisierte, ja identifizierte das Wirken des Geistes mit der hierarchisch-christologischen Sendung und ebnete es darin ein. Man vergaß dabei, dass der Geist die zweite spezifische »Hand Gottes« ist: Er wirkt im Innern jedes Glaubenden und verinnerlicht dadurch auch die durch Amtsautorität sakramental vermittelte Gestalt Christi. So schafft er aus dem »christologischen Gegenüber«, in dem das Amt zum übrigen Volk Gottes steht, Einheit, Verbindung, Communio. Darüber hinaus erwirkt er die Vielzahl der laikalen Charismen, die sich keineswegs allein der Heilsvermittlung durch das Amt, sondern seinem unmittelbaren Wirken verdanken.

Und genau dieses spezifische Wirken des Geistes ist der westlichen Ekklesiologie ein Stück weit entglitten: der Geist trat gegenüber der »christologischen Hand« Gottes in den Hintergrund. Das Amt im Gegenüber zu den Laien – nicht die Einheit der Gläubigen, das amtlich petrinische Zentrum – nicht die Communio der Kirchen, wurden in falscher Einseitigkeit hervorgehoben. Der Ort des Geistes war nicht mehr die Kirche als

Ganze, sondern die Hierarchie. Kurz: Kirche wurde nicht mehr verstanden als Werk des Vaters, der sie durch seine »zwei Hände« schafft, Kirche erschien nicht mehr als Abbild und Teilhabe am Leben des trinitarischen Gottes, sondern wurde vorrangig als »fortlebender Christus« verstanden.

Damit dürfte die immens wichtige Relevanz des Trinitätsglaubens für eine erneuerte, ja zu erneuernde Gestalt der Kirche ins helle Licht getreten sein. Eine trinitarische Ekklesiologie kann sich nicht mit einer einseitigen zentralistisch-petrinischen und amtlichen Sicht der Kirche begnügen. Sie muss darauf bestehen, dass Kirche perichoretischer Lebensaustausch der vielen einzelnen Gläubigen und der vielen einzelnen Kirchen ist, ein Lebensaustausch, in dem es zwar unterschiedliche Funktionen gibt, z. B. das Amt und die Vielzahl laikaler Charismen. Aber es sind Funktionen, die in ihrer Verschiedenheit gerade dem gegenseitigen Austausch zu dienen und dafür zu sorgen haben, dass die »Gestalt Christi« und die Normierung an ihm, aber auch das Wirken und Drängen des Geistes nicht vergessen werden.

Für die Zukunft ist demnach die Aufgabe gestellt, im Leben der Kirche gegenüber der christologischen Perspektive auch wieder intensiver den Heiligen Geist und dessen spezifisches Wirken zu entdecken und zum Durchbruch kommen zu lassen. Nur so kann die Kirche mehr und mehr das werden, was sie von Gott her sein soll: Abbild seines drei-einen Wesens.

Der Glaube an den drei-einen Gott im Dialog

Weltreligionen und »trinitarisches Dialogprinzip«

In den letzten Jahren hat der Dialog der Weltreligionen eine hohe Dringlichkeit und Aktualität erhalten, da wir aufgrund der zunehmenden »Globalisierung« (wie heute das Zauberwort heißt) und der damit gegebenen weltweiten Kommunikation in einer Situation leben, »in der jedes Volk und jeder Kulturkreis zum inneren Moment jedes anderen Volkes und jedes anderen Kulturkreises wird«[65]. Angesichts des neuen Konfrontiert-Seins mit den andern Religionen stellt sich die Frage: Steht nicht gerade der christliche Trinitätsglaube dem Dialog der Religionen entgegen, so dass es besser wäre, diesen Glauben hintanzustellen? Nicht selten kann man, wenn man Gespräche von christlichen Theologen mit Juden und Muslimen verfolgt, den Eindruck gewinnen, dass diese Frage bejaht wird. Denn fast einmütig findet sich hier die Tendenz, den christlichen Trinitätsglauben zu »verstecken« oder wenigstens zu relativieren.

Demgegenüber sei für den Dialog der Religionen die Gegenthese aufgestellt: *Für das gegenseitige Verhältnis der Religionen und ihren Dialog miteinander bieten christlicher Trinitätsglaube und christliche Trinitätstheologie eine Basistheorie für gegenseitiges Verstehen und Sich-Annähern.*

Damit ist nicht gemeint, dass es quer durch alle Religionen das »Urphänomen« trinitarischer Strukturen gibt, auf Grund derer dann die Vielheit der Religionen eine gewisse Einheit finden könnte,[66] sondern dass vom Trinitätsglauben her die verschiedenartigen religiösen Erfahrungszugänge und Grundvisionen des Gottesverständnisses eine neue Plausibilität gewinnen und sich trinitarisch vermitteln lassen. Konkreter gesagt: Der Unterschied von Vater, Sohn und Heiligem Geist im trinitarischen Leben Gottes – so wie der christliche Glaube es versteht – hat eine verblüffende Entsprechung zu den Grundtypen des Gottesbildes der großen Weltreligionen.

Betrachten wir zunächst diese Grundtypen.

Erster Grundtypus

Gott ist das uns entzogene unendliche Geheimnis, niemand kann ihn sehen, ohne zu sterben; er ist der »ganz andere«, der »Namenlose«. Man kann durchaus in einem richtigen Sinn sagen: Er ist *nicht* und besitzt keine Ex-sistens, nicht einmal ein Sein.[67] Denn da Gott die *Quelle* allen Seins ist, kann er dieses nicht selbst sein. Indem man also auf Gott die Bezeichnung »Nichts« anwendet, bringt man seine spezifische, ihn von allen anderen Seienden radikal unterschiedene Wirklichkeit zum Ausdruck, eine Wirklichkeit, die nicht durch begriffliche Annäherungen oder Analogien bestimmt werden kann, da sie sich überhaupt nicht objektivieren, vorstellen, festmachen lässt.[68] So gibt es auch im eigentlichen Sinn keinen Weg zu Gott. Jeder Weg ist in Wirklichkeit »ein Nicht-Weg, ein Nicht-Gedanke, ein Nicht-Sein … Ihn kann man niemals erreichen, weil es kein Ende gibt, an das man gelangen könnte … «[69]. Darum ist das Schweigen angesichts des entzogenen Geheimnisses Gott die dem Menschen am ehesten zustehende Haltung.

Diese religiöse Einstellung findet sich in allen sog. »apophatischen Religionen«, d. h. in Religionen, für die Gott in solch absoluter Transzendenz steht, dass über ihn nur in Negationen (ER ist nicht dies oder das, nicht so oder so) gesprochen werden kann. Hier ist z. B. die buddhistische Erfahrung des *nirvâna* und des *shûnyatâ* (Leere) zu nennen oder überhaupt die spezifisch mystische Erfahrung quer durch alle Religionen, wonach das letzte Wort über Gott ist, dass man von ihm schweigen muss.⁷⁰ In dem Augenblick, wo man Gott begrifflich erfassen oder auch nur denkend und sprechend Gott gegenüber einen Standpunkt einnehmen will, objektiviert man ihn, d. h. macht man ihn zu einem Objekt unter anderen Objekten; im Versuch, ihn zu be-greifen und damit zu er-greifen, ver-greift man sich an ihm, dem letzten, unfasslichen Grund aller Dinge.

Die christliche Trinitätslehre thematisiert in diesem Typus des Gottesbildes das Geheimnis des *Vaters*. Dieser ist nicht nur der uns entzogene Urgrund allen geschaffenen, sondern auch des göttlich-trinitarischen Seins. Er ist »das unfassbar-abgründige Geheimnis des Sich-Verschenkens«.⁷¹ In diesem Sinn *ist* er »das Schweigen«. Zwar spielt dieser Begriff in der Entwicklung der christlichen Trinitätslehre keine entscheidende Rolle, weil er im Altertum von der Irrlehre der Gnosis besetzt war. Doch findet sich immerhin bei Ignatius von Antiochien die Bemerkung, dass der Sohn, das göttliche Wort, »ausging vom Schweigen« (An die Magnesier 8, 2). Zudem wird in der altchristlichen Ikonographie der Vater nie als solcher dargestellt, sondern stets nur in Zeichen, die auf seine Verborgenheit verweisen (Wolke, leerer Thron und dergleichen). Nicht zuletzt aber verstand sich *große* christliche Theologie immer als »theologia negativa«, deren »Klammer« schweigende Zurückhaltung und deren letztes Wort das Verstummen ist. Exemplarisch kann dafür ein Wort des Thomas von Aquin stehen: »Da wir von Gott nicht wissen können, was er [seinem Wesen nach] ist, sondern nur, was er nicht ist, können wir auch nicht bedenken und behandeln (considerare), wie er ist, sondern eher, wie er nicht ist«.⁷²

Die *Gefahr* eines solchen Gottesbildes, *wenn es exklusiv und absolut gesetzt wird*, besteht darin, dass die Grenze zum Atheismus und Nihilismus naheliegt, ja verschwimmt. Und überdies: Kann Gott, wenn er allein so gesehen wird, noch lebensprägend sein, Gegenstand von Anbetung und Gebet? Gibt es angesichts einer absolut entrückten göttlichen Transzendenz noch eine »Nähe« Gottes, in der und aus der man leben und handeln kann?

Zweiter Grundtypus

Gott ist (transzendente) Person, die aus ihrer göttlichen Verborgenheit heraustritt und den Menschen anspricht. So ist er jemand, »mit dem man reden, einen Dialog beginnen, in Kommunikation treten kann, ... das göttliche Du, das in Beziehung, oder besser gesagt, das die Beziehung zum Menschen und einer der Pole des gesamten Daseins ist«[73]. Durch diesen Gott ist alles, und wir sind von ihm, mit ihm und durch ihn. Indem er uns nahegekommen ist und sich uns offenbart hat, können wir sein Wort und seine Weisung vernehmen, ihm Namen geben, auf sein schöpferisches und heilschaffendes Wirken vertrauen und seinem Verheißungswort, wonach wir und die ganze Welt einmal auf ewig mit ihm Gemeinschaft haben dürfen, Glauben schenken.

Dieser Grundtypus des Gottesbildes ist der des Theismus, den wir z. B. im Judentum, Christentum und Islam (auf verschiedene Weise) verwirklicht finden. Diesem Typus geht es wesentlich darum, zu Gott in ein »persönliches Verhältnis« zu treten und sich von ihm zu einem Ziel führen zu lassen.

Dies gilt nun aber nicht nur für das Judentum und den Islam. »Der monolitische Monotheismus des orthodoxen Judentums tauchte in gewisser Weise im Christentum wieder auf. Für viele wurde Jesus einfach zum Gott der Christen, und diesen Eindruck gewinnt z. B. ein Hindu in der Predigt des Evangeliums ... Die Christen sind für ihn ein Volk, das Gott im Namen und in der Gestalt Jesu verehrt«.[74] Deshalb steht in der christlichen Trinitätstheologie für diesen Typus des Gottesbildes die zweite göttliche Person, der Sohn.

Die *Gefahr* einer solchen Sicht Gottes, *wenn sie exklusiv und absolut gesetzt wird,* besteht sowohl in einer Verkürzung des Gottesbildes (Gott wird nur als »Gegenüber« des Menschen gesehen) wie auch in einer zu großen Hervorhebung des Menschen, insofern hier *sein persönliches Verhältnis zu Gott* im Vordergrund steht, sei es dass er sich selbst handelnd in ein Verhältnis zu Gott hineinstellt, sei es dass er empfangend in ein solches Verhältnis aufgenommen wird. Dagegen wird die kosmische und kontemplative Dimension des Religiösen in diesem Typus zumeist ausgeklammert oder unterbewertet.

Dritter Grundtypus

Gott ist die radikale Innerlichkeit *allen* Seins. Dabei bedeutet Innerlichkeit aber nicht einfach »Immanenz«, denn diese würde im Gegensatz zur »Transzendenz« stehen, und damit wäre eine Polarität, ein Gegensatz in das Sein eingetragen. Eine Immanenz, die nur *ein* Spannungspol gegenüber dem der Transzendenz wäre, würde gerade nicht »das Ganze des Seins«, »alles Sein« sein. Mit Innerlichkeit ist vielmehr die tiefste Ganzheit gemeint, in der Gott und Kosmos, also alles, eins sind (die sogenannte »advaita«-Erfahrung des Hinduismus). Gott ist das tiefinnerliche Herz allen Seins, jener »Punkt«, in dem alle Spezifica, Unterschiedenheiten, »Selbstheiten« überwunden und hinter sich gelassen sind. Das bedeutet für den Menschen – so Maurus Heinrichs: »Das letzte [ist]

Weltreligionen und »trinitarisches Dialogprinzip«

nicht die Gemeinschaft mit anderen menschlichen Personen oder mit Gott als Person, sondern das Bewußtsein der Identität eines jeden mit dem All, des *âtma* mit *brahma*«.[75] Nicht zu dieser Identitätserfahrung finden bedeutet falsches Selbstverständnis, Ichwahn, Fixiertsein in Endlichkeit und damit Unerlöstsein, Unheil. Während im zweiten Grundtypus der Blick auf ein personales Verhältnis zwischen Gott und Mensch gerichtet ist, kommt hier die Ganzheit, Fülle und Einheit des Göttlichen zur ausschließlichen Geltung. Entsprechend spielt auch die Dimension der Geschichte keine Rolle. Denn es kann in dieser religiösen Erfahrung keinen »Wechsel« von Teilen der Wirklichkeit gegenüber anderen »Teilen« geben (was für den Begriff der Geschichte konstitutiv ist); wirklich ist vielmehr nur das wesende Ganze.

Von diesem Gottesbild legen vor allem einige Formen des Hinduismus (zumal die Upanishaden) Zeugnis ab. Über den Hinduismus hinaus findet sich dieses Gottesverständnis auch in manchen Formen der Mystik (Meister Eckhart), wo nicht mehr der Dialog mit Gott die entscheidende Rolle spielt, sondern das »Bewusstsein«, in das »Meer« des Absoluten eingetaucht, in ihm präsent zu sein, ja in ihm aufzugehen.

Aus christlicher Sicht ist hier eine Nähe zum Heiligen Geist gegeben: Er ist ja der, der Vater und Sohn miteinander und die Schöpfung mit Gott verbindet und so die Einheit in aller Differenz ist. Wenn der Vater die Quelle ist und der Sohn der Strom, welcher der Quelle entspringt,

»dann ist der Geist sozusagen das Endziel, der grenzenlose Ozean, in dem sich der Fluß des göttlichen Lebens vervollständigt, zur Ruhe kommt und sich erfüllt *(plenitudo et pelagus totius divinitatis)* ... Zum Geist kann man keine ›persönliche Beziehung‹ haben ... Man kann nicht zum Geist beten, als wäre er ein Objekt jenseits unseres Gebets. Mit dem Geist gibt es nur eine beziehunglose Vereinigung. Man kann nur *im* Geist beten, indem wir uns durch die Vermittlung des Sohnes an den Vater wenden. Es ist vielmehr der Geist, der in uns betet. Wenn man den Weg des Geistes betritt, kann man nur zum außer-ontischen Grund aller Dinge gelangen. Aber der Grund des Seins ist nicht das Sein. Die Kontemplation *im* Geist hat keinen intellektuellen Gehalt«[76].

So führt Raimon Panikkar aus und macht damit deutlich, wie sehr dieses Gottesbild enge Beziehungen zur dritten Person der Trinität des christlichen Glaubens aufweist.

Die *Gefahr* dieses Gottesbildes, *wenn es exklusiv und absolut gesetzt wird*, besteht in der religiösen Haltung des »Rückzugs« aus der konkreten Welt und Geschichte in das eigene, tiefste Geheimnis des Menschen. Damit ist eine gewisse Entwirklichung der »harten Realität« gegeben, die sich von der religiösen Erfahrung des All-Einen her als eine Art »Scheinwelt« darstellt. Aus dieser Einstellung kann allzu leicht ein Nicht-ernst-Nehmen verantwortlichen Handelns in der konkreten Welt und eine letzte Unverbindlichkeit zwischenmenschlicher Beziehung folgen.

Diese drei verschiedenen religiösen Grundtypen, denen auch drei ganz unterschiedliche Einstellungen zum menschlichen Leben und seiner Verwirklichung entsprechen, haben – wie schon jeweils im Anschluss an die Darstellung der Typen skizziert wurde – eine enge Beziehung zu den je spezifischen Eigentümlichkeiten der drei göttlichen Personen der christlichen

Trinitätslehre. Deshalb haben alle genannten drei religiösen Grundverhältnisse in der Sicht des christlichen Glaubens eine – wie auch immer im Einzelnen zu bestimmende – Legitimität. Wenn aber auf der anderen Seite jede von ihnen, wird sie exklusiv und absolut gesetzt, also gerade nicht in ihrer trinitarischen Integration betrachtet, spezifische Vereinseitigungen, Verengungen und Gefahrenmomente aufweist, so bietet sich der Trinitätsglaube als Einladung zu einer Synthese an: Keine der drei Zugänge zu Gott und keines der drei religiösen Grundverhältnisse braucht eliminiert zu werden; jede lässt sich mit den anderen vermitteln.

Für Panikkar gibt gerade die trinitarische Formel von Eph 4,6 (Gott, »der über allem und durch alles und in allem ist«) den Schlüssel dafür ab:

»*Epi pantôn*: über allen, *super omnes*, Ursprung des Seins, der nicht das Sein ist, denn sonst würde vorausgesetzt, daß die Quelle das Sein wäre und nicht sein Ursprung: das höchste Ich.
Dia pantôn: durch alle, *per omnia*, der Sohn, das Sein und der Christus, durch den und für den alles geschaffen ist, wobei die Seienden am Sein teilhaben: das Du, das noch immer in der Vielzahl der Dus des Universums ausgestreut ist.
En pâsin: in allen, *in omnibus*, der Geist, die göttliche Immanenz und, in der Dynamik der reinen Aktes, das Endziel (die Rückkehr) des Seins. Aus diesem Grund gibt es das Sein – und die Seienden – nur insofern, als sie aus dem Ursprung hervorgehen und im Geist weiterfließen: das Wir, insofern es uns alle in der integrierten Gemeinschaft dieser vollkommenen Wirklichkeit vereint«.[77]

Eine solche trinitarische »Synthese« muss keine synkretistische Addition unterschiedlicher Gottesbilder bzw. Zugänge zu Gott bedeuten, sondern kann als Einladung betrachtet werden, das »Absolute« in einer dreifachen Perspektive zu sehen und sich den religiösen Erfahrungen der Menschheit in drei unterschiedlichen Dimensionen zu öffnen, eben weil nach christlichem Glauben Gott selbst in solchen drei »Gegebenheitsweisen« sein Leben vollzieht, sich als solcher gezeigt hat und erfahren lässt. Allerdings beharrt der christliche Trinitätsglaube darauf, dass diese drei »Gegebenheitsweisen« Gottes weder (wechselnde) Erscheinungsformen eines dahinter liegenden unerreichbaren Absoluten darstellen, noch sich als platte Addition dreier unterschiedlicher Gottesbilder ergeben, sondern wahrhaft der eine und einzige Gott *sind*, der Gott, der »perichoretisch«[78] sein Leben in drei unterschiedenen Personen vollzieht.

Gewiss ist es für einen religiösen Menschen oder eine bestimmte Religion möglich, einen der Grundtypen – der christliche Glaube würde sagen: eine der drei göttlichen Personen – besonders in den Vordergrund zu stellen und die Erfahrungen mit dem Göttlichen gewissermaßen auf ein Grundverhältnis hin zu »bündeln«. Doch wird es insgesamt darum gehen müssen, dass die verschiedenen Religionen den je schon bei sich verwirklichten Zugang zu Gott und die je schon gelebte religiöse Erfahrung aus ihrer alles bestimmenden Exklusivität (wenn es so sein sollte) zu befreien und auf die integrale Fülle einer trinitarischen Gottesvorstellung hin zu öffnen. Ein Dialog der Religionen, der das Ziel der Einheit anpeilt, kann sich also nicht damit begnügen, die bestehenden Unterschiede nur als trinitarische *namhaft* zu machen und zu *verstehen* (was freilich auch schon ein Wert ist), sondern er hat die gegenseitige *Perichorese* der drei »Gottesbilder« zu entdecken und im eigenen religiösen Verhältnis zu realisieren (wobei – nochmals sei es wiederholt – unterschiedliche Zugänge und Akzentuierungen *bleiben* dürfen, wenn diese nur füreinander offen sind und im religiösen Bezug sowie in dessen alltäglicher Auswirkung zum Tragen kommen).

Wenn der Trinitätsglaube auf diese Weise als eine Art Basistheorie für den Dialog, ja für die Einheit der Religionen ins Spiel gebracht wird, richten sich an jeden der genannten religiösen Typen tiefgreifende Fragen, die noch über die bereits genannten »Gefährdungen« hinausgreifen.

Für die Religionen des ersten und dritten Typus stellen sich zwei Grundprobleme:

(1) Können diese Religionen akzeptieren, dass Gott wirklich aus sich heraustritt, um den Menschen liebend »auf den Leib zu rücken«? Zur Liebe – so jedenfalls das christliche Verständnis – gehört sowohl das »Anderssein« von Liebendem und Geliebtem als auch der Wille, dem Geliebten so nahe wie nur möglich zu kommen. Zeichen der äußersten Nähe Gottes ist für den christlichen Glauben die Inkarnation, Zeichen seiner Andersheit, die »Entäußerung« bis hin zum Tod am Kreuz. Wenn die Religionen des ersten und dritten Typus diese Charakteristika der Liebe annehmen und als plausibel erfahren (nicht zuletzt aufgrund des Lebenszeugnisses von Christen), hat sich die absolute Negativ-Erfahrung des ersten und die advaita-Erfahrung des dritten Typus zu öffnen für einen Gott, der in äußerster Liebe aus der absoluten Entzogenheit des »Nichts« hervorgetreten ist, die Schöpfung als »das andere« gesetzt hat, um mit ihr Beziehung aufzunehmen, konkret: um sich ihr als bestimmtes, einmaliges Du zu erschließen und mitzuteilen. Dann aber können die religiösen Grundfor-

meln nicht mehr (allein) lauten: »Gott ist das Nichts« bzw. »Ich bin Du«, sondern sie müssen lauten: »Ich bin Dein«, mehr noch: »Ich möchte so Dein sein, wie Du selbst ›mein‹ bist«, nämlich in unbedingter Zuwendung der Liebe.

(2) Damit zusammenhängend ist ein zweites Problem gegeben: Ist das »Absolute« Person, kann es Person sein? Maurus Heinrichs meint sogar: »Im Grunde reduziert sich die Frage nach dem Verhältnis zwischen biblischer Offenbarung und religiöser Erfahrung [der fernöstlichen Religionen] auf die Frage nach dem personhaften oder nichtpersonhaften Charakter des letzten Seinsgrundes«[79]. Allerdings ist bei der Frage nach dem Personsein Gottes mitzubedenken, dass das »›Ich‹ im Osten stets den Beigeschmack von egoistisch«, von selbstzentriert, selbstbezüglich und deshalb den Charakter von schlechter Endlichkeit hat.[80] Ein *solcher* Person-, besser würde man sagen: Subjektbegriff ist nun aber gerade aufgrund des trinitarischen Glaubens zurückzuweisen. Person ist nach christlicher Anschauung wesentlich Beziehung zum anderen. Menschliche Person ist (endliche) Beziehung zu Gott, zum Mitmenschen, zur Welt. Göttliche Person ist unendliche, »radikale« Beziehung zu den anderen göttlichen Personen und zur geschaffenen Wirklichkeit, eine Beziehung, die »bis zum Tod am Kreuz« geht. So ist sie gerade die Verneinung jeder subjektzentrierten und deshalb beschränkten Ichhaftigkeit. Wenn Gott aber eine Person, besser: eine Communio von Personen ist, die selbst Beziehung lebt und Beziehung zu den Menschen sucht, so kann der religiöse Grundakt nicht »individuelles Hineinversinken« in die Tiefe sein, um hier auf das Absolute zu stoßen, sondern gehorsame Antwort auf das (geschichtliche) Angerufenwerden von Gott. Es ist ein Ruf, der den Angesprochenen immer auch in die Beziehung zu den Mitgeschöpfen und in die Verantwortung für sie weist.

Mit diesen für den ersten und dritten Religionstypus *neuen* Perspektiven brauchen die eigenen religiösen Dimensionen nicht in Frage gestellt zu werden, ja dürfen sie nicht einmal in Frage gestellt werden, da auch sie ja Antwort auf die Gegenwart des trinitarischen Gottes sind, der ebenso unter ihnen wirksam ist und sich zur Erfahrung bringt.

An die Religionen des zweiten Typus stellen sich gleichfalls Fragen, wenn es darum geht, Engführungen und Einseitigkeiten angesichts des trinitarischen Gottesverhältnisses aufzuzeigen. Das Grundproblem ist hier: Wird nicht oft vor der pointierten Du-haftigkeit des Gottesverhältnisses das absolute, unaussagbare göttliche Mysterium übersehen sowie seine alles, auch mich selbst einbegreifende »Allheit«? Steht demgegenüber nicht allzu sehr der Mensch im Mittelpunkt und wird nicht das Ganze des von Gott durchwirkten Kosmos an den Rand der Aufmerksamkeit gedrängt? Diese Fragen sind auch an das Christentum zu richten. Zwar bekennt es sich zum trinitarischen Gott, vollzieht sich dennoch aber *faktisch* allzu oft und viel zu sehr als ausschließliche Religion des zweiten Typus. Denn wie oft vergisst es das unnahbare Mysterium des Vaters, der – auch als von Christus offenbart – uns immer entzogenes Geheimnis bleibt; wie oft übersieht oder unterschätzt es die Wirklichkeit des Geistes, der in Mensch und Kosmos alles zutiefst durchwirkt und zusammenhält!

Weil also auch die Christen selbst noch das zu *lernen* haben, was sie im Buchstaben des Glaubensbekenntnisses schon mit sich herumtragen, ist der Dialog der Religionen unter dem Vorzeichen »Trinität« keine Einbahnstraße. Vielmehr stellt er eine *gegenseitige* Herausforderung dar, von den religiösen Erfahrungen der anderen zu lernen und mit der dreifach-einen

Wirklichkeit Gottes ernst zu machen. Deshalb ist es wohl nicht übertrieben, wenn Ewert Cousins formuliert: »Vielleicht werden künftige Historiker die Periode zwischen Nizäa und dem 20. Jahrhundert als ein frühes Stadium der Trinitätslehre bezeichnen, insofern eine neue Phase angebrochen ist, wenn die Logos-Perspektive des Christentums sich öffnet für den Apophatismus des Buddhismus und die vereinende Spiritualität des Hinduismus«.[81]

Religionskritik, Zeitdiagnose und Trinitätsglaube

Wie sich der Trinitätsglaube als Dialog-»Prinzip« für die Begegnung mit den Weltreligionen anbietet, so zeigt er auch in der Begegnung mit der neuzeitlichen Religionskritik seine erhellende und aufklärende Relevanz. Das sei im Folgenden nur am Beispiel der psychoanalytischen Religionskritik und ihrer Diagnose unserer Gegenwart erörtert. Ähnliches ließe sich auch angesichts der philosophischen Religionskritik zeigen, die aber hier ausgespart bleiben soll.[82]

> »Wenn der uralte Heilige Vater
> mit gelassener Hand
> aus rollenden Wolken
> segnende Blitze
> über die Erde schickt,
> küß ich den letzten Saum seines Kleides,
> kindliche Schauer treu in der Brust.«[83]

Das in diesen Versen zum Ausdruck kommende Gottesbild ist geprägt von allgewaltiger, überlegener Autorität, der gegenüber sich der Mensch als unmündiges, hilfloses Kind erfährt. Da das religiöse Verhältnis direkte Konsequenzen für das Selbstverständnis des Menschen hat,[84] setzt sich ein solches Gottesbild in analoger Weise fort im Verhältnis zu Autoritäten, die von diesem Übervater-Gott ihre Legitimät erhalten: Papst (»Papa«) – Landesvater – Familienvater und dergleichen. Ihnen allen begegnete man bis zur Neuzeit gleichfalls mit kindlicher Unterwerfung, die keinen Widerspruch und keine Kritik zuließ.

Kein Wunder, dass der mündig gewordene Mensch der Neuzeit, um endlich er selbst werden zu können, diese erdrückenden »Übervater«-Gestalten abgeschüttelt hat oder wenigstens abzuschütteln suchte und zugleich mit ihnen auch das religiöse Verhältnis überhaupt, den Glauben an Gott und seine Offenbarung. All dies schien ja dem emanzipativen Prozess der Selbstwerdung und Verwirklichung eigener Freiheit zutiefst zu widersprechen. Wie kam es dazu?

Der Psychoanalytiker und Zeitdiagnostiker Horst E. Richter zeigt in seinem zu Anfang der 1980er Jahre viel diskutierten Buch »Der Gotteskomplex«[85], dass in Europa beim Übergang vom Mittelalter zur Neuzeit Prozesse abgelaufen sind, die dem »kindlichen Reaktionsmuster« verwandt sind: Gemäß dem psychoanalytischen Gesetz, dass die Erfahrung von Ohnmacht und Abhängigkeit nur durch überkompensatorische Allmacht abgewendet werden kann, macht sich das Kind auf einer bestimmten Entwicklungsstufe nicht nur von der Autorität des Vaters frei, sondern sucht sich selbst in übersteigertem Machtgefühl *an dessen Stelle* zu setzen. Ganz ähnlich trägt die neuzeitliche Einstellung zur Religion viele Züge genau dieses »Reaktionsmusters«: *weg* von »narzisstischer Ohnmacht« gegenüber Gott – *hin* zu »narzisstischer Omnipotenz«[86]; *weg* aus kindlicher Unmündigkeit – *hin* zu einer Haltung egozentrischen Größenwahns, einem der Kennzeichen unserer Gegenwart. »So wurde jeder gewissermaßen sein eigener Gott«[87].

Richter bewegt sich mit seinen Überlegungen auf einer von Sigmund Freud eröffneten Bahn, wonach »die psychoanalytische Erforschung des einzelnen Menschen ... mit einer ganz besonderen Nachdrücklichkeit [lehrt], dass für jeden der Gott nach dem Vater gebildet ist«[88]. Was vom menschlichen Vater gilt, gilt analog auch vom göttlichen. Vom menschlichen Vater ist nun zu sagen, dass er einerseits der Sehnsucht des Kindes nach Liebe, Geborgenheit und Sicherheit entspricht, andererseits jedoch auch als die Instanz erfahren wird, welche die eigene Freiheit einschränkt und Verzicht einfordert. Deshalb muss man den Vater umbringen, um ganz selbst sein zu können, und vermag doch nicht davon abzusehen, dass die vormals in ihm garantierte Geborgenheit und Sicherheit weiter nach Erfüllung schreit.

Um solche Erfüllung »nach dem Tod des Vaters« auf neue und andere Weise zu erringen, konstituiert sich das neuzeitliche Subjekt so, dass es Geborgenheit und Sicherheit *in sich selbst* finden kann: es konstituiert sich als sein eigener Gott. So setzte sich in der »Selbstvergottung« des einzelnen Ich bis heute die verabschiedete monotheistische Glaubenstradition fort. Denn – und nun folgen bemerkenswerte Beobachtungen des Psychoanalytikers Richter –

> »es stand ja keine Göttergemeinschaft zur Verfügung, die sich in einem entsprechenden Konzept kollektiver Beziehungen hätte abspiegeln können. Die monotheistische Vorstellung ließ sich nur als individuelles Größen-Selbstbild übernehmen. Der einzelne wurde zur in sich abgeschlossenen Monade. Seine individuelle Identifizierung mit Gott machte ihn zu einem Ich, das allen anderen Menschen und Dingen ohne inneren Bezug gegenüberstand, nicht als Glied einer auf Kommunikation untereinander angewiesenen Gemeinschaft«[89].

Auf diese Weise ist durch den Sturz des göttlichen Übervaters und durch die Übernahme von dessen Rolle das maßlos vergrößerte, sich selbst überschätzende neuzeitliche Individuum entstanden, das aber als seine verdrängte Kehrseite das ehemals kindliche Ich immer noch mit sich herumträgt. Dies hat zur Folge, dass die damit gegebenen ungelösten Spannungen in allen Konzepten zwischenmenschlicher Beziehungen weitergehen.

»*So konnte nie ein Modell* [von Menschsein] *zustande kommen, das von einer sozialen Gemeinschaft emanzipierter erwachsener Menschen ausgeht.* Der verinnerlichte Gotteskomplex hat zwischen der Stufe der kindlichen Abhängigkeit und der Stufe des narzißtischen Übermaßes ein Vakuum gelassen. So haben sich die Menschen entweder weiterhin immer nur *ganz klein* gesehen, was sie zu verdrängen versuchten, oder nur *ganz groß*, was sie sich eben mit Hilfe der Verdrängung einzubilden verstanden. Dazwischen konnte sich nicht das Selbstbild entfalten, das für ein eigentlich gedeihliches Zusammenleben ... das einzig Sinnvolle wäre: *nämlich das Bild von Menschen mittlerer Größe, die sich in einer Gemeinschaft miteinander auf gleicher Stufe befinden, die ihre Freiheit in dieser Gemeinschaft und sie nicht gegen sie verwirklichen sollen und ihre Abhängigkeit untereinander nicht als einseitige Unterdrückungsverhältnisse hassen oder fürchten müssen, sondern als sinnvolles symmetrisches Aufeinanderangewiesensein bejahen können*«.[90]

Dieser in der Tradition Freuds stehende Text, für den das Ganze des angeführten Werkes von Richter einen einzigen großen Kommentar bildet, ist für den Trinitätsglauben von hohem Interesse. Er weist ohne explizite theologische Voraussetzungen auf die Entsprechung zwischen monadisch-unitarisch bestimmter Gottesvorstellung und der Art und Weise menschlichen Selbstverständnisses hin: Wo die letzte Bezugsgröße des Menschen a-trinitarisch ist, das heißt: wo der Mensch sich einen Gott entwirft, der einsame, oberste Macht, »Übervater«, ist, muss sich das Geschöpf entweder in die Haltung kindlicher Ohnmacht, selbstgenügsamen Vertrauens und ängstlichen Gotteslobes flüchten (nach dem burschikosen Motto: »Darum loben wir ihn laut, weil er uns sonst niederhaut!«), *oder* es muss seine Unmündigkeit dadurch kompensieren, dass es die Religion verabschiedet und sich selbst an die Stelle göttlicher Macht setzt bzw. sich wenigstens mit dieser zu identifizieren sucht.

Im ersten Fall zeigt sich Religion als Bedürfnisbefriedigung, als »Opium des Volkes«, im zweiten Fall entsteht »das Selbstbild eines maßlos vergrößerten, dominanten Individuums«, das im Grunde zu keiner »sozialen Gemeinschaft emanzipierter erwachsener Menschen«, wie Richter bemerkt, fähig ist.

Soll diese widersprüchlich-destruktive, die ganze Neuzeit bis heute beherrschende Form menschlichen Selbstverständnisses nicht das letzte Wort haben, bedarf es einer anderen, befreienden Gestalt des Göttlichen, welche nicht »Übervater« und damit Konkurrent menschlicher Freiheit ist, sondern gerade deren Ermöglichung. Es bedarf einer Gestalt des Göttlichen, die aber nicht Ergebnis von Bedürfnissen und Projektionen ist, sondern die – um eine Formulierung Richters aufzugreifen – »zur Verfügung steht«. Weder als unitarisch-monadische und darum erdrückende Macht, noch als mythische »Göttergemeinschaft«[91], sondern als Wirklichkeit des einen Gottes, der Gemeinschaft der Liebe ist, der nicht »von oben« den Menschen mit seiner Allmacht zu Boden wirft, sondern ihn als Ge-Freiten und Freien in sein Leben einbezieht. Eben dies ist der Gott des trinitarischen Bekenntnisses, der auch auf das Verstehen des »Zeitgeistes« und auf die Auseinandersetzung mit ihm sein helles Licht wirft.

Trinität und Politik

Es scheint, dass in der Überschrift dieses Abschnitts zwei diametral einander entgegengesetzte Begriffe zusammengefügt sind. Denn Trinität bezeichnet doch das absolut transzendente Geheimnis des Glaubens, jedem Zugriff des Menschen entzogen. Und ist demgegenüber Politik nicht das pure Gegenteil: handfestes Ringen um Macht, konkretes Gestalten der gesellschaftlichen Welt und ihrer Institutionen, kalkulierender Ausgleich von Interessen? Was hat beides miteinander gemein?

Dazu zunächst einige grundsätzliche Überlegungen. In der Soziologie wird die zwar nicht von allen akzeptierte, aber doch recht verbreitete These vertreten, dass jede Gesellschaft mit ihrem Selbstverständnis und ihren Ordnungen, ihren Grundstrukturen und Machtverhältnissen in Korrelation zu bestimmten transzendenten Vorstellungsmustern steht, die der Soziologe Peter L. Berger »symbolische Sinnwelt« nennt. Eine solche transzendente »Sinnwelt« spiegelt sich dann gewissermaßen in der konkreten gesellschaftlichen Welt wider. Dagegen lässt sich natürlich einwenden, dass sich doch in der Neuzeit »das Politische« ohne jede Verankerung in der Transzendenz versteht und ohne Legitimierung durch alle auch nur religions-»nahe« Symbolisierung. Doch weist eine Reihe von Autoren, u. a. Johann Baptist Metz, mit vielen Beispielen darauf hin, »dass bei allen Versuchen einer Trennung von Religion und Politik in der Moderne die strikt religionsfreie Kodierung eben dieser modernen Politik kaum vorkommt bzw. durchgehalten wird.«[92] Mindestens weisen »Erinnerungsstücke« oder auch quasireligiöse, ideologische Ersatzfundamentierungen darauf hin, dass die Ordnung des gesellschaftlich-politischen Lebens von einer transzendenten »Sinnwelt« nicht adäquat zu entkoppeln ist.⁹³ Das kann auch nicht anders sein. Denn – so Wolfhart Pannenberg –:

> »Weil es in den Religionen um die Einheit der Wirklichkeit überhaupt geht, darum kann und muss auch die gesellschaftliche Ordnung des Lebens ihren letzten Bezugsrahmen in der Religion suchen und finden. Denn nur die Religionen (und allenfalls noch die in der Neuzeit an ihre Stelle getretenen weltanschaulichen Ersatzgebilde) erfassen das Universum als eine sinnhafte Ordnung, so dass sich auch die Ordnung des gesellschaftlichen Lebens durch ihre Einbettung in den damit gegebenen Zusammenhang als sinnvoll verstehen lässt.«⁹⁴.

Deshalb ist Skepsis angebracht, ob ein bloßer »positivistischer Verfassungskonsens« auf Dauer die Identität einer Gesellschaft oder eines Staates garantieren kann. Auch Ernst-Wolfgang Böckenförde bezweifelt,⁹⁵ dass eine natürliche bzw. autonome Moral ein hinreichendes gesellschaftliches Fundierungskonzept bieten könne, und fragt, ob ein solches ohne Anerkennung einer transzendenten »Sinnwelt« auf Dauer überhaupt möglich ist. Deshalb dürfte sich eine gewisse Korrespondenz zwischen einer bestimmten Gesellschaft und einer symbolischen (religiösen bzw. quasi-religiösen) Fundierung nahelegen und damit auch ein innerer Zusammenhang zwischen dem Gottesbild einer bestimmten Zeit und deren gesellschaftlicher Ordnung gegeben sein. Tatsächlich zeigt sich nun auch, dass von der Antike angefangen bis zur Neuzeit der Glaube an *einen* Gott der Begründung caesaropapistischer bis hin zu diktatorischer Herrschaft dient, und zwar nach der Devise: *Ein* (oberster) Gott – *ein* oberster Herrscher als »Spiegelung« dieses Gottes – *ein* Reich. Auf dieser Linie schreibt auch Thomas v. Aquin, hierin Aristoteles folgend:

»Die beste Regierung ist die, die von einem einzigen ausgeübt wird. Denn Einheit gehört zum Wesen des Guten. Deshalb wird eine Menge besser durch einen als durch viele regiert. Folglich muss die Herrschaft [Gottes] über die Welt, die ja die beste ist, durch einen einzigen Herrscher ausgeübt werden. ... Deshalb muss einer der Herrscher sein« (STh I, 103,3).

Thomas schließt hier also von der Erfahrung menschlicher Herrschaft auf die Herrschaft Gottes: Weil sich schon auf Erden die Alleinherrschaft als die allein gute erweist, muss ebenso die transzendente Herrschaft Gottes über die Welt von *Einem* ausgeübt werden. Weil es somit eine Entsprechung bzw. »Spiegelung« einer transzendenten »Sinnwelt« in den geschöpflichen Bereich hinein gibt, lässt sich – wie Thomas dies hier tut – sowohl von der Einheit Gottes auf die Einheit politischer Herrschaft, wie umgekehrt von glückender politischer Herrschaft auf die Einheit des göttlichen Weltregiments schließen.

In der neueren Soziologie war es Carl Schmitt († 1960), der die Entsprechung bzw. »motivische Nähe« von Monotheismus und Diktatur analysiert und vielleicht sogar (das ist umstritten) zustimmend legitimiert hat. Er zeigt: Wer an einen monarchianischen Gott glaubt, ist auch geneigt, einem irdischen Alleinherrscher Anerkennung zu zollen. Wer sich einem solchen Gott unterwirft, ist disponiert für die Unterwerfung unter die Herrschaft *eines* Menschen, *einer* Institution usw.

So sieht man: Die Annahme einer *unitarischen* und *monarchianischen* symbolischen »Sinnwelt« hat tiefgreifende Konsequenzen für die gesellschaftlich-politische Ordnung: Das

Viele, Vielfältige und Plurale wird dann auf das Eine hin reduziert und das Eine damit zur bestimmenden Größe, gewissermaßen zum beherrschen Totum gemacht. Das Viele und Vielfältige hat keine Chance, es muss sich dem Einen ergeben. Kein Wunder, dass eine totalitaristische politische (und auch kirchenpolitische!) Praxis die Folge ist sowie – noch ärger! – eine ständige Auseinandersetzung zwischen den vielen, von denen jeder einzelne sich ja als das *eine* Herrschaftssubjekt setzen und verstehen will. So wird auch von hier aus der mittelalterliche Kampf zwischen Kaiser und Papst um die Vorherrschaft verständlich: Die gegenseitige Intoleranz der jahrhundertelangen Auseinandersetzung ist, so urteilt wohl zu Recht Heribert Mühlen:

»keineswegs nur psychologisch, d. h. aus einem überheblichen Herrschaftsanspruch zu erklären, aus einem Kampf um die weltliche ›Macht‹, sondern es geht im Grunde immer nur um die Frage, wer nun die unteilbare Einheit des einen Gottes repräsentieren und damit auch die politische Einheit garantieren solle.«[96]

Seine letzte große epochale Auswirkung zeigte diese Weise der Entsprechung von unitarisch göttlicher Macht und unitarischer Herrschaft in säkularisierter Form in der Zeit des Nationalsozialismus. Dessen Parole »Ein Volk – ein Reich – ein Führer« wurde von den sog. Deutschen Christen, jener Hitler ergebenen, nationalsozialistisch geprägten Form des Protestantismus, weitergeführt und religiös abgestützt durch das hinzugefügte Glied »Ein Volk – ein Reich – ein Führer – *ein Gott*«.

Genau diese Konfrontation mit den Deutschen Christen war der Anlass für Erik Peterson, bedeutender evangelischer, später katholisch gewordener Theologe (1890–1960), seinen berühmten Beitrag »Der Monotheismus als politisches Problem« zu veröffentlichen. Hierin zeigt er in Form einer historischen Untersuchung, dass die christliche Trinitätslehre, die in die absolute Transzendenz Gottes verweist, jede Entsprechung von transzendenter Sinnwelt und politischer Ordnung verunmöglicht und deshalb auch keine Einherrschaft und Diktatur legitimieren kann. Gerade weil das Mysterium des trinitarischen Gottes uns ganz und gar entzogen ist und keine Spiegelung in der Schöpfung, in Gesellschaft und politischer Ordnung haben kann – die einzige Spiegelung Gottes im Geschöpflichen ist der Gottmensch Jesus Christus –, kann keine Form irdischer Herrschaft den trinitarischen Gott abbilden.

Peterson fand neben viel Zustimmung ebenso viel Kritik. Die schärfste Kritik machte sich vor allem darin fest, dass Peterson die dialektische Struktur seiner eigenen These nicht durchschaute: Seine Absicht, gegen die politisierende Theologie der »Deutschen Christen« jedweder politischen Theologie prinzipiell den Garaus zu machen, übersah, dass seine Position *damit selbst* ein Stück politischer Theologie war und ist. Auf dieser Linie kann man den Beitrag Petersons auch als Versuch verstehen, den trinitarischen Glauben herrschaftskritisch zu wenden und darin seinen befreienden Charakter herauszustellen.

Manche gegenwärtige Theologen machen sich diese Interpretation zu eigen: Während Peterson aufgrund des trinitarischen Dogmas jede Verbindung von Religion und Politik bestreitet, ziehen Johann Baptist Metz, Jürgen Moltmann, Leonardo Boff u. a. aus dem Trinitätsglauben *direkte* (und zwar vor allem kritisch-negative) Folgerungen für die Gestaltung des Gemeinwesens: War vordem der *monarchianische* Gottesbegriff die Instanz zur positiven Legitimierung von

Macht und unmündig haltender, diktatorischer Einherrschaftsausübung, so wird bei ihnen der *trinitarische* Glaube zur legitimierenden kritischen Instanz an aller unitarischen Machtausübung. Kann man aber auf diese Weise nicht leicht übersehen, dass eine Gesellschaft die von ihr vorausgesetzte religiöse »Sinnwelt«, wenn diese als wahrhaft transzendent gedacht ist, nicht *direkt* und *unmittelbar* widerzuspiegeln vermag, weil das Verhältnis von Glaube und Gesellschaft, Theologie und Politik nicht direkter Art sein kann. Das verhindert der von der biblischen *Offenbarungs*religion aufgedeckten *vorläufige Charakter dieser Welt* und – damit verbunden – ein bleibender »Dualismus« von Religion und politisch-staatlicher Ordnung: Die Offenbarung Gottes sprengt schon im Alten Testament die Überzeugung, dass die Bestimmung des Menschen in der gegenwärtigen Welt und ihrer politischen Ordnung aufgeht. Mit den Worten von Wolfhart Pannenberg:

> »Zwar sind die Menschen bestimmt zu einem gemeinschaftlichen Leben. ... Die Bestimmung des Menschen ist daher in der Tat politisch, aber sie ist in keiner politischen Herrschaftsordnung voll und definitiv realisiert. Diejenige gemeinsame Lebensordnung, in der die Bestimmung der Individuen voll aufgehen könnte, übersteigt als Reich Gottes alle Möglichkeiten politischer Integration durch menschliche Herrschaft. Dadurch wird die Unzulänglichkeit jeder politischen Herrschaftsordnung enthüllt.«[97]

Im Blick auf die Reich-Gottes-Erwartung können Politik und staatliche Ordnung nur die »provisorische« Funktion haben, das Zusammenleben der Menschen in dieser Welt so friedlich, gerecht und menschenwürdig, wie nur irgend möglich, zu ordnen und zu garantieren. Eine *direkte* Spiegelung der transzendenten christlichen Glaubenswelt in den politischen Bereich hinein ist jedoch nicht möglich.

Aber diese Ablehnung einer *direkten* Entsprechung schließt nicht aus, dass es zwischen der »trinitarischen Sinnwelt« des Christentums und dem politischen Bereich Analogien, Korrespondenzen und Strukturähnlichkeiten gibt. Der trinitarische Glaube kann gewissermaßen eine »Inspirationsquelle« (Leonardo Boff) sein, die darin ihre Relevanz erweist, dass sie sich als Erschließungskraft und plausible Motivation für eine glückende gesellschaftliche Theorie und Praxis darstellt, so wie es umgekehrt, aufgrund des Fehlens lebendigen trinitarischen Glaubens, im gesellschaftlichen Bereich zu a-trinitarischen Entsprechungen kam und kommt, die sich als lebenshemmend erwiesen und erweisen.

Dies gilt zunächst einmal für die Entsprechung von Trinitätsglauben und kirchenpolitischer Ordnung. In der Westkirche führte nämlich das ständige Defizit an trinitarischem Glauben zu einer Sequenz, die man holzschnittartig so skizzieren kann: Ein Gott – ein Christus – ein Petrus – ein Papst – eine von ihm einheitlich geleitete Kirche, der aufgrund der Überakzentuierung von Einheit und Uniformität nicht selten die Luft zum Atmen ausgeht und die Vielfalt des Lebendigen fehlt. Unter einem ganz anderen, nämlich dezidiert trinitarischen Leitbild sieht die entsprechende Sequenz in den Kirchen des Ostens folgendermaßen aus: Der trinitarische Gott (Einheit in Vielheit) – das eine Apostelkollegium (Einheit in Vielheit) – die eine Communio der vielen Kirchen (Einheit in Vielheit).

Dieser kirchenpolitische Blick sei aber zurückgestellt und die Aufmerksamkeit auf den gesellschaftspolitischen Bereich gerichtet. Im Blick darauf behauptet zwar Heribert Mühlen: Das trinitarische Verständnis der göttlichen Wirklichkeit »ist in der bisherigen Geschichte der Menschheit noch nirgends politisch oder gesellschaftlich wirksam geworden, sondern verblieb im Schoße theologischer ›Spekulation‹, ohne wirklich an die Öffentlichkeit zu treten.«[98] Dies trifft aber, wie im Folgenden einige Beispiele zeigen, nur bedingt zu.

So sieht z. B. schon Gregor v. Nazianz (280–374) in der Trinität das Modell einer Herrschaft, welche die Aporien der Einherrschaft und Vielherrschaft löst und deren Entgegensetzung zugunsten einer Vermittlung beider überwindet[99]. Die Aporie der *Einherrschaft* besteht nach Gregor darin, dass in ihr die Tendenz »zum Aufruhr gegen sich selbst« und damit zur Entzweiung in einen unversöhnbaren Dualismus steckt, und die Aporie der *Vielherrschaft* steckt von vornherein in ihrer immanenten Neigung zu Unordnung und Auflösung. Diese Aporien werden nach Gregor im Blick auf den dreifaltigen Gott überwunden, insofern hier die Entgegensetzung von Einheit und Vielheit zu Gunsten ihrer Gleichursprünglichkeit versöhnt ist. So gesehen, steckt also in der Trinitätslehre die »Inspiration«, auch im politischen Bereich nicht alles auf letzte Einheit zu fokussieren, sondern Vielheit und Vielfalt in gleicher Weise zu Wort kommen zu lassen.

Machen wir einen Sprung über einige Jahrhunderte hinweg zu Zwingli. Er bezieht das trinitarische Mysterium auf die Schweizer Eidgenossenschaft: Die Einheit, die Vater, Sohn und Geist untereinander haben und sind, ist nach ihm in der Einigkeit der Eidgenossenschaft widerzuspiegeln, genauso wie die Vielheit, die in den verschiedenen Kantonen zu verwirklichen ist.[100]

Nach einigen Autoren ist auch die Gewaltenteilung des neuzeitlichen Rechtsstaates ein Reflex auf die Trinitätslehre. Im Anschluss an Kant formuliert (freilich nicht ohne Fragwürdigkeiten) Walter J. Hollerweger:

»Geteilte Macht, nicht absolute Macht, ist die Macht des dreieinigen Gottes. Es ist nicht von ungefähr, dass auf dem Boden des Christentums (und nur auf diesem!) die Idee der Gewaltenteilung im Staat entstand ... So wie Gott sich in seiner Dreieinigkeit durch sich selbst relativiert, so begrenzt der moderne Staat in der Gewaltentrennung seine Macht durch sich selbst ... Hans Martin, ein Schweizer Jurist, bezeichnet daher die Gewaltenteilung im Staat als ›säkularisierte Trinität‹.«[101]

In der ersten Hälfte dieses Jahrhunderts war die Trinitätstheologie von Leonhard Hodgson[102] in England deshalb so geschätzt, weil er die praktischen Implikationen des trinitarischen Glaubens hervorhob: Das Leben der Christen soll »eine Erweiterung des gemeinschaftlichen Lebens der Trinität sein«.[103] Das heißt: die Trinität soll zur Norm werden, nach welcher das gesellschaftliche Leben zu gestalten ist, und zwar als Einheit, welche die Unterschiede anerkennt und sich in gegenseitiger Partizipation und wechselseitiger Vermittlung vollzieht.

In der Gegenwart wird von einer Reihe Theologen vor allem der antitotalitaristische und gemeinschaftsfördernde Charakter des Trinitätsglaubens hervorgehoben: Weil der trinitarische Gott keine differenzlose Einheit und damit eine totalitaristische Größe ist, sondern in ihm sind Einheit und Vielheit, Identität und Differenz gleichursprünglich und gleichwesentlich sind, wird weder wird das Allgemeine noch das Besondere verabsolutiert. Und darum spiegelt sich das trinitarische Gottesbild nicht im Totalitarismus, nicht in diktatorischer Gewalt, nicht in einer das Anderssein des anderen ausmerzenden politischen Ordnung, sondern allein einer Gemeinschaft gleichberechtigter Menschen. Wenn das Höchste der Wirklichkeit, Gott, Gemeinschaft ist, können auch nur kommunitäre politische Strukturen diesem Gott entsprechen (siehe auch S. 38–48).

Diese wenigen geschichtlichen Streiflichter deuten wenigstens an, dass es möglich ist, aus dem trinitarischen Gottesverständnis *inspirierende* Konsequenzen für eine Gesellschaftsordnung zu ziehen. Will man dabei nicht naiv verfahren und eine allzu *direkte Spiegelung* des christlichen Trinitätsglaubens in die gesellschaftlich-politische Wirklichkeit vermeiden, so lassen sich die verantwortbaren *Entsprechungen* in zwei Grundsätzen angeben:

(1) Der Trinitätsglaube inspiriert und stimuliert dazu – im Gegensatz zu einer monarchianisch artikulierten Gottesidee –, Unterschiede, Variationsreichtum, Anderssein als Positivum zu betrachten.

(2) Er gibt der Dimension der Beziehung und Gemeinschaft, der Gleichheit und Partizipation sowie der gegenseitigen Vernetzung und Ergänzung den Vorzug vor der Konzentration auf eine in sich geschlossenen Einheit, Selbstgenügsamkeit, Zentralisation.

Aus diesen beiden Prinzipien können sich durchaus sehr konkrete Konsequenzen für die Gestaltung und Ordnung eines Gemeinwesens ergeben. So folgert etwa Jürgen Moltmann:

»Dem dreieinigen Gott entspricht nicht die Monarchie eines Herrschers, sondern die Gemeinschaft von Menschen ohne Privilegien und Unterwerfungen. Die drei göttlichen Personen haben alles gemeinsam, abgesehen von ihren personalen Eigenschaften. Also entspricht der Trinität eine Gemeinschaft, in der die Personen durch ihre Beziehungen miteinander und ihre Bedeutungen füreinander, nicht aber durch Macht und Besitz gegeneinander definiert werden.«[104]

Zu ergänzen ist, dass auch jede Form von Oppression, von autarken Besitzansprüchen, exklusiver Machtausübung, sich verweigerndem Dialog, von – zugunsten zentralistischer Gleichmacherei – verkümmertem Pluralismus der Lebensmöglichkeiten gegen das trinitarische Begründungsmodell von Sozialität steht.

So gesehen, lässt der Glaube an den drei-einen Gott den Binnenraum des Glaubens hinter sich und formuliert seine Pointe auf praktische Verwirklichung hin. Er wird zur Basistheorie für eine politische Ethik solidarischen Miteinanders und Füreinanders. Den trinitarischen Glauben so zu leben, vorzustellen und anzubieten, ist ein Dienst, den die Kirche und jeder einzelne Christ auch heute der Welt des Politischen erweisen kann. Dabei *muss* diesem »Angebot« nicht eine ausdrückliche Hinwendung der Gesellschaft zum christlichen Glauben folgen. Denn dort, wo die genannten trinitarischen Entsprechungen in der Gesellschaft – aus welchen Gründen auch immer – gelebt werden und wo sie in der gläubigen Existenz von Christen für die Mitwelt als plausibel aufleuchten, ist »auf anonyme Weise« das Geheimnis des dreifaltigen Gottes gegenwärtig.

Die »Gastfreundschaft« des drei-einen Gottes

Rück-Blick

An vielen Beispielen, die wir im Laufe des Büchleins erörtert haben, wurde deutlich, dass der Glaube an den trinitarischen Gott nicht folgenlos ist; er ist die wohl folgenschwerste Glaubenswahrheit überhaupt. In ihrem Licht wird ungemein vieles klar und einsichtig, Probleme und Widersprüche werden lösbar, neue Verhaltensperspektiven und Wege der Praxis tun sich auf. Das lässt denken an ein Wort des Dichters Joseph Freiherr von Eichendorff:

> »Schläft ein Lied in allen Dingen,
> Die da träumen fort und fort.
> Und die Welt fängt an zu singen,
> Triffst Du nur das Zauberwort«.

Das »Zauberwort«, das die Wirklichkeit des Glaubens, unseres Lebens, ja der ganzen Wirklichkeit zum »Singen« bringt, so dass sie sich selbst findet, dass sie »hell«, »ganz« und »heil« wird, ist der drei-eine Gott, der im Bild seines eigenen communialen Lebens alles erschaffen hat und alles zur Vollendung bringt. Deshalb ist es nicht verwunderlich, dass auch erst im Glanz des trinitarischen Urbildes die vielen Abbilder der Schöpfung ihr eigentliches Wesen und ihren inneren Zusammenhang zeigen. Eben deshalb zeigt sich auch der trinitarische Glaube der Christen nicht nur als in sich nicht widersprüchlich und widervernünftig, sondern im Gegenteil als plausibel, wirklichkeitserhellend, praxisrelevant.

Dennoch vermag dieser Glaube von uns nicht durchschaut und durch das Begreifen der Vernunft ersetzt zu werden. Glaube bleibt Glaube, selbst wenn er – gemäß der vielzitierten Formel des Anselm von Canterbury vom »fides quaerens intellectum« – Einsicht sucht und auch eine gewisse Einsicht erlangt. Gott bleibt, gerade als der drei-eine Gott, der Deus semper maior, der stets größere Gott, von dem schon Augustinus sagt: »Si comprehendis, non est Deus« – »Wenn du ihn begreifst, ist es nicht Gott (den du da begreifst)«. So bleibt das Nachsinnen des Glaubens und das Nachdenken der Theologie immer nur Stückwerk, immer nur An-Weg auf der Suche danach, Gott zu verstehen und ihn sich vorzustellen.

Doch gibt es außer Nachsinnen und Nachdenken, Verstehen und Vorstellen noch eine andere Weise des Zugangs zur Wirklichkeit Gottes: *das Bild*. Auch hier in den Werken der Kunst geschieht ein »Verstehen« und erst recht ein »Vorstellen« der Wirklichkeit, aber so, dass von vornherein klar ist[105], dass das Dargestellte von sich weg auf etwas verweist, was nicht verstehbar, denkbar, vorstellbar ist. Das gilt erst recht von Darstellungen Gottes und der transzendenten Welt: sie können und wollen nicht diese selbst wiedergeben, sondern nur bildhaft bezeichnen. Nicht also um eine »Wiedergabe« der göttlichen Mysterien geht es in der Kunst, sondern um eine erinnernde Repräsentation, die gerade im (Von-sich-weg-)Verweis das Mysterium aufleuchten lässt.

So verstanden soll am Schluss unserer Erörterung – gleichsam als Zusammenfassung auf einer völlig anderen Ebene – der Blick auf zwei künstlerische Darstellungen der Trinität stehen, die auf exzellente Weise auf das Mysterium Gottes hinweist und zugleich – wie mir scheint – die Grundaussagen und -anliegen des vorliegendes Buches bestätigen und zusammenfassend unterstreichen kann.

Darstellungen der Trinität sind uralt. Das wohl älteste Hinweiszeichen ist das gleichseitige Dreieck, das in der kulturellen Überlieferung der Menschheit – auf ganz unterschiedliche Weise – immer eine besondere »Bedeutungsträchtigkeit« besaß. Dazu kamen schon im Hochmittelalter die Symbole von drei konzentrischen Kreisen, oder auch von drei konzentrisch angeordneten Löwen oder Adlern mit nur einem Kopf sowie von drei, in einem Kreis eingeordneten Hasen mit insgesamt nur drei Ohren. Auch das dreiblättrige Kleeblatt und das kleine Omega (ω), das wie das Kleeblatt auf den dreifachen Rhythmus der Dreifaltigkeit verweist, galt als Trinitätssymbol. Ebenso verstand man die Dreizahl der Kirchenschiffe, Apsiden und Fenster als symbolische Darstellung der Trinität.

Neben solchen eher abstrakten Symbolen gibt es eine Reihe von Trinitätsdarstellungen, die für die in diesem Büchlein vertretene Konzeption, die Trinität als Communio zu verstehen, außerordentlich bemerkenswert sind, weil sie entgegen der Tendenz der westlichen Theologie nicht die Einheit, sondern die Dreiheit der Trinität und damit deren communiales Wesen unterstreichen.

Dies sei an zwei verschiedenen Typen von Dreifaltigkeitsdarstellungen erläutert, von denen jede auf ihre Weise bestimmte Aspekte des trinitarischen Mysteriums zum Leuchten bringt.

Die »Philoxenia«-Ikone

Grundlage dieser Trinitätsdarstellung ist ein biblischer Text aus den Abrahams-Erzählungen:

»In jenen Tagen
erschien der Herr Abraham
bei den Eichen von Mamre.
Abraham saß zur Zeit der Mittagshitze am Zelteingang.
Er blickte auf und sah vor sich drei Männer stehen.
Als er sie sah,
lief er ihnen vom Zelteingang aus entgegen,
warf sich zur Erde nieder
und sagte: Mein Herr, wenn ich dein Wohlwollen gefunden habe,
geh doch an deinem Knecht nicht vorbei!
Man wird etwas Wasser holen;
dann könnt ihr euch die Füße waschen
und euch unter dem Baum ausruhen.
Ich will einen Bissen Brot holen,
und ihr könnt dann nach einer kleinen Stärkung weitergehen;
denn deshalb seid ihr doch bei eurem Knecht vorbeigekommen.
Sie erwiderten: Tu, wie du gesagt hast.« (Gen 18, 1–5)

In dieser Perikope ist – sozusagen in ein und demselben Atemzug – die Rede von »drei Männern«, die aber zugleich als »*ein* Mann« gekennzeichnet werden, insofern es »*der Herr*« (hebräisch: Jahwe) ist, der da erscheint (Vers 1) und der als »*Mein Herr*« angesprochen wird (Vers 3). Deshalb hat dieser Text für nahezu alle Kirchenväter und Theologen des Altertums und Mittelalters bis hin noch zu Luther über den unmittelbaren

Textsinn hinaus eine tiefere, geistliche Bedeutung: Es leuchtet darin etwas vom Geheimnis des einen Gottes in den drei Personen auf.

Vor allem die byzantinische Kunst griff – am eindringlichsten in ihrer russischen Ausprägung – diesen symbolhaften Sinn für ihre bildhafte Darstellung des trinitarischen Gottes auf, indem sie den Typus der »Philoxenia« (= Gastfreundschafts)-Ikone schuf.

Ihren Kulminationspunkt findet diese Darstellungsweise in der weithin bekannten Philoxenia-Ikone von Andrej Rubljev (1360–1430). Sie wurde um 1410 für das Dreifaltigkeitskloster in Sérgijev-Possad gemalt und befindet sich heute in der Moskauer Trétjakov-Galerie.

Diese Ikone wurde nicht nur zur kanonischen Norm aller russischen Trinitätsdarstellungen, ihre künstlerische und theologische »Stimmigkeit« gilt manchen geradezu als »ästhetischer Beweis« für die Trinität. »Es gibt die Dreifaltigkeit Rubljevs, folglich gibt es Gott«, lautet ein Wort des berühmten russischen Religionsphilosophen, Mathematikers, Physikers und Dichters Pawel Florenskijs (1882–1937).

Die Art und Weise, wie in der kanonischen Form Rubljevs das trinitarische Geheimnis Gottes seine künstlerische Gestalt findet, sei im Folgenden am Beispiel einer Variante der Rubljev-Ikone erläutert, die in manchen Zügen den Prototyp verdeutlicht: sie wurde gemalt im Atelier der Petites Sœurs de Bethlehem, Currières/St. Laurent-sur-Pont, Frankreich.[106]

Im Typus, der hier zu erläutern ist, kommen zwei wichtige Momente ins Spiel:

(1) Wiewohl die Einheit des dreifaltigen Gottes und die Gleichheit der Personen durch einen sie imaginär umschließenden Kreis sowie durch die gleiche Kleidung und den glei-

Die »Philoxenia«-Ikone

chen Gestus des Herrschens (Thron, Zepter) zum Ausdruck kommen, steht bei weitem im Vordergrund die Darstellung des Lebens der Trinität als eines Geschehens gegenseitiger Beziehungen dreier unterschiedlicher Personen: Communio.

Beginnen wir mit der Betrachtung der einzelnen Personen mit der Gestalt, welche die Mitte des Bildes ausmacht: Es ist der Heilige Geist[107] als die »Zusammenfassung« der Trinität[108]. Wenn man ihn anblickt, kann man sozusagen nicht bei ihm verweilen, sondern gerät in eine Bewegung: Sein geneigtes Haupt und seine ganz auf die linke Gestalt gerichteten Augen weisen auf den Vater hin. Dieser wiederum blickt – weniger geneigt – auf ihn zurück, vor allem aber blickt er auf die rechte Gestalt: den Sohn. Dieser wiederum richtet – im gleichen Rhythmus – sein Haupt und seine Augen auf den Vater.

Bei welcher Gestalt man auch betrachtend ansetzt: immer wird man in eine unabschließbare Kreisbewegung versetzt, die auf die anderen Gestalten verweist.[109] So bringt die Ikone die perichoretische Lebendigkeit des communialen Gottes zum Ausdruck.

(2) Buchstäblich inmitten des interpersonalen Lebens der Dreifaltigkeit steht die Hingabe des Sohnes Gottes für uns: Der Tisch, um den die drei »Gäste« gruppiert sind, ist ein Opferaltar, deutlich erkennbar am Hohlraum für die Reliquien.[110] Der Blick des Vaters wie auch die Haltung seiner rechten Hand erscheinen wie ein eindeutiger Befehl; dessen Inhalt wird im Handgestus deutlich, denn dieser weist auf den Kelch hin, in welchem das geopferte Lamm ruht und über den die den Heiligen Geist symbolisierende Gestalt eine epikletisch-konsekrierende Handbewegung ausführt. Die Sohnes-Gestalt dagegen hat seine Hand ergeben auf dem Opferaltar liegen. Der Gestus drückt zusammen mit der Neigung des Hauptes bedingungslose Zustimmung und Hingabe sowie die Bereit-

schaft aus, sich um unseretwillen der Gottheit zu entäußern (nach Phil 2,6ff.): Das Zepter des Sohnes ist im Unterschied zu dem der anderen geneigt; er hält es nicht fest in der Hand, es liegt ihm gleich einem (Kreuzes-)Stab auf der Schulter und bildet sogar mit der markanten Linie der Stola ein X (d. h. ein Kreuz oder auch den griechischen Anfangsbuchstaben von Christus).

So bewegt sich das pulsierend-kreisende Leben der Trinität um ein Zentrum, das durch den Kelch der Lebenshingabe markiert ist. Und der Thron der Trinität geht gewissermaßen bruchlos über in den Altar, auf dem in der Eucharistie das Opfer der Erlösung je neu Gegenwart wird.

Das Ganze wird noch dadurch unterstrichen, dass es sich hier offenbar um die Darstellung einer »Gesprächssituation« handelt: Es ist so, wie wenn ein Beschluss gefasst würde. Näherhin geht es wohl um den »Ratschlag« Gottes zur erlösenden Sendung des Sohnes in die Welt. Der Vater richtet an den Sohn die Frage, die in der Eingangsvision des Jesaja an den Propheten gerichtet wurde: »Wen soll ich senden? Wer wird für uns gehen?« (Jes 6,8), eine Frage, die schon Athanasius auf die Sendung des Sohnes bezogen hat. Und der Sohn stimmt in der Haltung äußerster Ergebenheit dem sendenden Vater zu. Der Heilige Geist dagegen steht gewissermaßen über dem Gespräch, das sich zwischen Vater und Sohn abspielt; er bekräftigt, was dort geschieht, durch die Konsekration, gleich dem epikletischen Gestus in der Eucharistiefeier.

Wie auch immer im einzelnen die Deutung dieser Ikone verlaufen mag: sicher ist, dass in dieser Darstellung das innere trinitarische Leben Gottes und sein Engagement in der Geschichte – theologisch formuliert: immanente und ökonomische Trinität – ineinandergreifen. Man kann sich gerade noch »vorstellen«, dass die vom Künstler gegebene »beziehungshafte« Darstellung des trinitarischen göttlichen Lebens auch ohne Altar und Opferkelch identisch bliebe. Doch faktisch ist der Mittelpunkt des Lebens des drei-einen Gottes das Erlösungsgeschehen, das sein Ziel in der versöhnten und vergöttlichten Menschheit findet. In diesem Sinn bestätigt die Ikone eindringlich: Die »immanente« Trinität (das Leben Gottes »in sich«) zeigt sich faktisch identisch mit der »ökonomischen« Trinität (mit dem heilsgeschichtlichen Handeln des drei-einen Gottes für uns). Es gibt seit der Schöpfung kein anderes »inneres« trinitarisches Leben mehr als jenes, in das die ganze Welt mitten hineingenommen ist. Und eben weil die Menschheit in den Lebensvollzug des dreifaltigen Gottes eingeboren ist, verweist alles, was immer man an ihr ausmachen kann, auf den trinitarischen Gott hin. Er allein vermag darum auch die Fragmentarität, die Aporien und Gebrochenheiten der Schöpfung zur Vollendung zu führen.

Eben darauf deutet auch die griechische Bezeichnung dieser Ikone hin: »Philoxenia«, Gastfreundschaft. Gewiss ist damit zunächst einmal der unmittelbare Textsinn der Perikope Gen 18 gemeint: Die drei Männer werden von Abraham als Gäste aufgenommen. In tieferer Bedeutung jedoch ist es der dreifaltige Gott, der beim Menschen einkehrt und mit ihm Gastfreundschaft hält. Besser noch: Es ist Gott selbst, der inmitten seines eigenen Lebens dem Menschen »Gastfreundschaft« schenkt. Das heißt: Er öffnet sein trinitarisches Leben für uns, auf dass wir in ihm Vollendung finden.

Diese »Gastfreundschaft« Gottes wird nochmals in einem unerhörten Sinn konkretisiert in der »Krönung Marias«, gewissermaßen dem westkirchlichen »Pendant« zur ostkirchlichen Philoxenia-Ikone.

Krönung Marias durch die Trinität

Vordergründig gesehen, scheint der Bildtypus »Krönung Marias durch die Trinität« zur Marien-, nicht aber zur Trinitätsikonographie zu gehören. Doch muss man diese Art der Darstellung wohl ganz anders verstehen.

Das Motiv der »Krönung« oder des »Triumphes« Marias ist herausgewachsen aus dem der »Aufnahme Marias in den Himmel« und bleibt auf manchen Darstellungen mit diesem Motiv oft noch in engster Beziehung. Um 1250 finden wir zunächst die Darstellungsweise: »Christus, Maria krönend«, wobei letztere meist mit jenem auf gleichem Thron sitzt. Erst im 15. Jahrhundert wird diese Szene erweitert: Alle drei göttlichen Personen sind an der Krönung Marias beteiligt. Und damit wird die künstlerische Komposition tiefgreifend umgestaltet zu einem Bildtypus, in dem sowohl der trinitarische Gott wie auch Maria (und darüber hinaus die ganze Schöpfung) ihre Verbildlichung finden.

Dieser Typus, der im südwestdeutschen Raum sehr verbreitet ist, sei im Folgenden am Beispiel des Hauptbildes am Hochaltar des Freiburger Münsters vorgestellt. Von 1512 bis 1516 malte der aus Straßburg gerufene Hans Baldung gen. Grien an diesem seinem Hauptwerk, einem der großartigsten Monumente der deutschen Malerei zur Dürerzeit.

Auch an diesem Bildtypus seien zwei wesentliche Elemente herausgestellt:
(1) Zur Interpretation dieser Bildart ist von höchster Bedeutung, dass hierin das uralte Dreifaltigkeitssymbol des *Dreiecks* wiederkehrt: Die Häupter von Vater und Sohn sowie der Heilige Geist bilden auf diesen Darstellungen ein deutliches,

offenbar vom Künstler so intendiertes Dreieck, welches den optischen Mittelpunkt des gesamten Bildes ausmacht. Es handelt sich also wirklich um eine Trinitätsdarstellung. Doch erscheint dazu noch als viertes Element Maria, die mit Vater und Sohn gleichfalls ein Dreieck bildet.

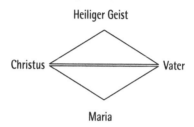

Meist ergeben sich die beiden Dreiecke durch eine Verbindung der vier Häupter. Auf der hier erörterten Darstellung von Hans Baldung Grien wird auch tatsächlich das obere Dreieck durch die Häupter von Vater und Sohn und Geisttaube gebildet, das untere Dreieck dagegen durch die Häupter von Vater und Sohn einerseits und andererseits durch die spitz nach unten gerichteten, sich nur mit den Fingern berührenden Hände Marias, die auf ihrem Schoß ruhen. Jedenfalls entsteht aus den beiden Dreiecken: Vater – Sohn – Geist und Vater – Sohn – Maria eine neue »Figur«, ein Viereck, genauer: eine Raute. Soll damit gesagt sein, dass die Trinität zur Quaternität ergänzt ist?

Ist damit Carl Gustav Jung ins Recht gesetzt, wenn er im Blick auf solche Darstellungen »die Aufhebung der Trinitätsformel und ihre Ersetzung durch eine Quaternität« konstatiert? »Die Ikonologie des Mittelalters hat sich ... durch die Darstellungen der Krönung Marias ein quaternäres Symbol zurechtgemacht und es sozusagen sachte an die Stelle der Trinität geschoben«. Das ist für Jung »stimmig«, denn die Qua-

Krönung Marias durch die Trinität

ternität ist für ihn ein »Archetypus, der sozusagen universal vorkommt« und die göttliche Trinität »ergänzt« durch den erdhaften Faktor der Materie, die – so Jung – primär das »korrumpierende Prinzip der Welt, das Böse« darstellt. »Das Quaternitätsschema anerkennt dieses Vorhandensein als eine unleugbare Gegebenheit, indem es dem trinitarischen Denken die Fessel der Wirklichkeit dieser Welt anlegt«.[111]

Da es hier nicht nur um eine Auseinandersetzung mit Jung gehen kann, sei nur soviel dazu vermerkt: Während die von Jung vorgenommene Identifizierung des Stofflich-Irdischen mit dem Bösen kaum vom christlichen Glauben mitvollzogen werden kann, dürfte er vermutlich darin Recht haben, das Quaternitätssymbol dem »Erdhaften« zuzuordnen, so dass in der Tat durch die Aufnahme Marias in den Himmel – wie dies die künstlerische Darstellungen zeigen – das Leben der Trinität (natürlich in einem analogen Sinn) »ergänzt« wird. Doch bedeutet dies keine Verabschiedung oder Relativierung des Trinitarischen.

Denn wenn man genauer hinschaut, lässt sich das durch Vater, Sohn und Maria gebildete Dreieck nicht einfach als Teil eines Vierecks, sondern als die Projizierung des oberen, trinitarischen Dreiecks in einen imaginären Raum hinein verstehen, wodurch die Spitze des oberen Dreiecks (der Geist) sich in Maria spiegelt. Das heißt: Genau der »Stelle« in der Trinität, die wir als das Über-Hinaus Gottes (auch in die Schöpfung hinein) bezeichnet haben, nämlich dem Heiligen Geist,[112] entspricht spiegelbildlich die verherrlichte Gottesmutter. Nicht also entsteht im strengen Sinn ein Viertes, sondern Maria ist als gespiegelte Gestalt des trinitarischen Lebens in eben dieses hineingenommen. Die »Gastfreundschaft« Gottes für den Menschen erfährt hier ihren Höhepunkt.

(2) Die hier dargestellte Maria ist nicht einfach nur eine »Privatperson«. Von alters her wird sie verstanden als Personifikation, besser: als Realsymbol der Kirche und darüber hinaus der ganzen Schöpfung, wie sie von Gott gewollt ist. Im Blick auf die Darstellung der »Aufnahme Marias in den Himmel« und ihrer »himmlischen Krönung« hat der Glaubende also die Zukunft der *ganzen* Schöpfung vor Augen: sie ist dazu berufen, für immer in das ewige-selige Leben des dreifaltigen Gottes einzugehen. Diese Vollendung der Schöpfung ist zugleich die (frei gewählte) »Vollendung« des trinitarischen Gottes selbst; sie ist dann gegeben ist, wenn der Vater durch Jesus Christus im Heiligen Geist in uns und mit uns

»alles in allem ist« (1Kor 15,28).

Dann hat auch die »Gastfreundschaft« Gottes ihre letzte Vollendung gefunden.

Ausblick

Trinitätstheologie der letzten Jahrzehnte im Holzschnitt

Es waren die großen theologischen Protagonisten des 20. Jahrhunderts: auf evangelischer Seite Karl Barth und im katholischen Bereich Karl Rahner und Hans Urs v. Balthasar, die auf ganz unterschiedliche Weise den trinitarischen Glauben in ein neues Licht stellten. Während Barth (Kirchliche Dogmatik I/2, 1938) die Trinitätslehre zu den theologischen »Prolegomena« zählt und sie damit als unbedingte Grundvoraussetzung des christlichen Glaubens hervorhebt, und Rahner (Der dreifaltige Gott als transzendenter Grund der Heilsgeschichte, Mysterium Salutis II, 1967) im Rahmen seines transzendentalen Denkens eine Re-Vision der abstrakten scholastischen und neuscholastischen Trinitätslehre vornimmt, stellt v. Balthasar (Theodramatik, 1971ff) die drei unterschiedlichen Personen in Gott pointiert als die eigentlich handelnden »Subjekte« in Schöpfung und Heilsgeschichte vor.

Auf dieser neuen Basis »explodierte« gewissermaßen ab Ende der 70er Jahre eine ganze Reihe von Veröffentlichungen, welche der Glaubensüberzeugung von einem Gott in drei Personen eine bislang unerhörte Aktualisierung und neue Bedeutung gab. Neben sehr vielen kleineren und manchmal leider eher unbeachtet gebliebenen Publikationen zählen dazu besonders die evangelischen Theologen: Eberhard Jüngel, Gott als Geheimnis der Welt, 1977, Jürgen Moltmann, Trinität und Reich Gottes, 1980, Wolfhart Pannenberg, Systematische Theologie I–III, 1988ff, und die katholischen Theologen: Walter Kasper, Der Gott Jesu Christi, 1982, Nicola Ciola, Teologia Trinitaria, 1986, Gisbert Greshake, Der dreieine Gott, 1997. Um diese Hauptwerke herum entspann sich eine weitverzweigte Diskussion.[113]

Diese Diskussion sowie die Fülle trinitätstheologischer Publikationen brachen zu Anfang des 21. Jahrhunderts mehr oder minder ab, oder besser: sie verlagerten sich in eine andere Richtung. Jetzt standen nicht mehr so sehr theologische Reflexionen im Vordergrund, sondern die *praktisch-spirituellen Konsequenzen* des trinitarischen Glaubens.[114] Schon in der 1998 erstmals erschienenen und dann in verschiedenen Ausgaben überarbeiteten »Kurzfassung« meines Trinitätsbuches (»Hinführung zum Glauben an den drei-einen Gott«) stand die Frage im Vordergrund: Was bedeutet es für mich, für mein Leben und meinen Glauben, dass Gott dreifaltig ist, dass Gott einer in drei Personen ist, »die Liebe«, »Gemeinschaft«? Ganz auf dieser Linie erschienen in den letzten Jahren zahlreiche Veröffentlichungen zum Thema einer »trinitarischen Anthropologie«,[115] also eines vom Glauben an den drei-einen Gott geprägten Menschenbilds. Darin wird der trinitarische Glaube nicht nur auf das konkrete eigene und auch familiale Leben,[116] sondern bis in einzelne geistliche Vollzüge hinein ausgezogen.[117] »Dreifaltigkeit leben« – so der Titel einer Studie von Stefan Ulz – oder »Trinität werden« – deren letztes Kapitel – werden auf diese Weise zum Motto der neueren Richtung trinitätstheologischer Veröffentlichungen.

Damit weist auch diese zentrale Thematik des christlichen Glaubens darauf hin, dass es nicht allein darum geht, den Glauben tiefer und besser zu verstehen, sondern ihn »zu tun« (Joh 3,21; siehe auch Jak 1,22).

Kurze Vorstellung neuerer trinitätstheologischer Literatur

Aus einer wahren Fülle trinitätstheologischer Veröffentlichungen der letzten Zeit sollen im Folgenden einige Werke besonders herausgestellt werden:

(1) Wie schon eingangs erwähnt, ist vorliegendes Büchlein ein – wie ich hoffe – auch für Nichttheologen und/oder Studienanfänger der Theologie verstehbarer »Extrakt« aus meiner größeren Studie:

Greshake, G., Der dreieine Gott. Eine trinitarische Theologie, Freiburg i. Br. ⁵2007.

Wer also für dieses oder jenes Detail weitere Informationen sucht, sei auf diese Arbeit verwiesen.[118]

(2) Folgende theologischen Werke der letzten Zeit kommen der in diesem Büchlein vertretenen Position (bei allen sonst auch anzutreffenden Differenzen) recht nahe und bieten sich zur Vertiefung an:

Balthasar, H.U. v., Theodramatik, Bd. II, 1+2 – III, Einsiedeln 1976–1980;

Ganoczy, A., Der dreieinige Schöpfer, Darmstadt 2001;

Kasper, W., Der Gott Jesu Christi, Mainz 1982;

Moltmann, J., Trinität und Reich Gottes, München 1980;

Pannenberg, W., Systematische Theologie, Bd. I–III, Göttingen 1988–1993;

Werbick, J., Trinitätslehre, in: Th. Schneider (Hg.), Handbuch der Dogmatik, Bd. II, Düsseldorf 1992, 481–576;

ders., Gott verbindlich. Eine theologische Gotteslehre, Freiburg i. Br. 2007.

Stosch, Kl. v., Trinität 2017.

Das letztgenannte Werk gibt nicht nur einen guten Überblick über die Trinitätslehre, sondern tut dies auch unter besonderer Berücksichtigung des interreligiösen Dialogs. Neben diesen thematischen Studien gibt es eine Reihe aufschlussreicher neuerer Sammelbände, die den aktuellen Stand der Trinitätstheologie aus verschiedenen

Perspektiven umreißen. Für den deutschen Sprachbereich sei nur ein bedeutsamer Band, die Festschrift zum 80. Geburtstag von Jürgen Moltmann, angeführt:

Welker, M./Volf, M. (Hg.), Der lebendige Gott als Trinität, Gütersloh 2006.

Hierin finden sich nicht nur wahre »Kabinettstückchen« von Wolfhart Pannenberg und Eberhard Jüngel, auch der glänzende Beitrag von Hans-Joachim Eckstein, »Die Anfänge trinitarischer Rede von Gott im Neuen Testament« ist hervorzuheben; eigentlich sollte er Pflichtlektüre für alle sein, die immer noch meinen, im Neuen Testament gäbe es keine ausreichende Basis für den trinitarischen Glauben. Hochbedeutsam und -aktuell ist auch eine mit »Jüdische Theologie und christliche Trinitätslehre« überschriebene »Sektion« dieser Festschrift, in welcher der Beitrag von Christoph Markschies, »Jüdische Mittlergestalten und die christliche Trinitätslehre« herausragt. Darin macht der Autor plausibel, dass im Frühjudentum »neben der schon in den Spätschriften des AT prominenten Figur der göttlichen ›Weisheit‹ offenbar auch das ›Wort Gottes‹ als personalisierte Gestalt neben Gott verbreiteter war, als man bisher angenommen hatte« (209), so dass auch in puncto Gottesbild die gemeinsame Basis von Juden und Christen viel größer war (und vielleicht auch einmal wieder werden kann) als dies für gewöhnlich erachtet wird.

(3) Damit ist auch schon die biblische Basis des trinitarischen Glaubens, die von mir nur ganz, ganz grob skizziert wurde, angesprochen. Näheres findet man nicht nur in dem gerade genannten Beitrag von H.-J. Eckstein, sondern auch bei:

Ackva, L., An den dreieinen Gott glauben, Frankfurt 1994;

Breuning, W., Überlegungen zur neutestamentlichen Logik des trinitarischen Bekenntnisses, in: Th. Söding (Hg.), Der lebendige Gott, FS W. Thüsing, Münster 1996, 368–388;

Breuning, W., Die trinitarische Christologie der frühen Konzilien: Plädoyer für ihre Verwurzelung im Christusereignis selbst, in: R. Laufen (Hg.), Gottes ewiger Sohn, Paderborn u. a. 1997, 179–198.

Ausblick

(4) Aus der Geschichte der Trinitätslehre ist leicht greifbar die wichtige, von Hans Urs von Balthasar eingeleitete und übersetzte Schrift:

Richard von Sankt-Victor, Die Dreieinigkeit, Einsiedeln 1980.

(5) Der philosophischen Vertiefung kann in hervorragender Weise dienen:

Hemmerle, K., Thesen zu einer trinitarischen Ontologie, Einsiedeln 1976.

Den philosophischen Hintergrund neuzeitlicher und gegenwärtiger trinitarischer Theologie ergründet auch das sehr umfangreiche, tiefschürfende, aber nicht leicht zu »verdauende« Werk:

Schulz, M., Sein und Trinität. Systematische Erörterungen zur Religionsphilosophie G.W.F. Hegels im ontogeschichtlichen Rückblick auf J. Duns Scotus und I. Kant und die Hegel-Rezeption in der Seinsauslegung bei W. Pannenberg, E. Jüngel, K. Rahner und H.U. von Balthasar, St. Ottilien 1997.

(6) Eine dem vorliegenden Büchlein entgegengesetzte Position zur Trinitätslehre vertritt z. B.:

Scholl N., Das Geheimnis der Drei. Kleine Kulturgeschichte der Trinität, Darmstadt 2006.

Hier wird – für mich widersprüchlich – die trinitarische Gottesoffenbarung einerseits als »in der Natur«, »in den Strukturgesetzen des Kosmos«, »in den Tiefenschichten der Seele« gegeben behauptet, andererseits aber als »biblisch nicht begründbar« und als Ergebnis »des Eintretens des Christentums in die hellenistische Denkwelt« vorgestellt.

(7) Für eine andere Position als die von mir vertretene stehen auch Name und Werk von Karl Rahner:

Rahner, K., Der dreifaltige Gott als transzendenter Urgrund der Heilsgeschichte, in: Mysterium Salutis, Bd. II, Einsiedeln u. a. 1967, 317–397.

Für Rahner ist die Trinität gewissermaßen »nur« die transzendentale Möglichkeitsbedingung für die geschichtliche Selbstoffenbarung und Selbstmitteilung Gottes. Deshalb ist es nach ihm auch problematisch von drei Personen in Gott zu sprechen. Und zudem: Da der Sohn die Selbstaussage des Vaters ist, ist er zwar das »Wort«, aber nicht noch einmal »Antwort«. Damit ist von vornherein eine »trialogische«, communiale Trinitätstheologie unmöglich gemacht. In eine gewisse Nähe zu Rahner kommt (aufgrund des eigenartigen Vorschlags, von *einer Person* Gottes in *drei Persönlichkeiten* zu sprechen):

Stubenrauch, B., Dreifaltigkeit, Topos-TB, Regensburg 2002.

Ganz auf der Linie seines Lehrers Rahner, freilich ungemein radikalisiert, bewegt sich ebenso:

Vorgrimler, H., Gott. Vater, Sohn und Heiliger Geist, Münster 2003.

Für ihn ist die offizielle Sprache der Gebete und Glaubensbekenntnisse der Kirche »von einem Denken geprägt, das nicht mehr dasjenige unserer Zeit ist« (123) und darum überwunden werden muss. Zu überwinden sind damit auch eine Reihe neutestamentlicher Aussagen. Denn schon in den Spätschriften werden hier die »drei Personen« »so nebeneinander genannt ..., als handle es sich um drei eigenständige Subjekte. Diese Ausdrucksweise lässt sich aber mit den Worten und dem Verhalten des gläubigen Juden Jesus nicht in Übereinstimmung bringen« (122).[119]

Zur Kritik am Ansatz Rahners (und damit auch Vorgrimlers) und zugleich als Beitrag zur Geschichte des trinitarischen Dogmas empfiehlt sich:

Hilberath, B.J., Der Personbegriff der Trinitätstheologie in Rückfrage von Karl Rahner zu Tertullians »Adversus Praxean«, Innsbruck – Wien 1986;

Zarazaga, G.J., Trinidad y comunión. La teologia trinitaria de K. Rahner y la prejunta por sus rasgos hegelianos, Salamanca 1999.[120]

Ausblick

(8) Zum Kapitel »Glauben an den drei-einen Gott im Dialog« sei auf Folgende neuere Veröffentlichungen verwiesen:

Nitsche, B. (Hg.), Gottesdenken in interreligiöser Perspektive. Raimon Panikkars Trinitätstheologie in der Diskussion, Frankfurt – Paderborn 2005.

Dieser Sammelband enthält vor allem ab S. 220 zahlreiche Beiträge zur Trinitätstheologie, von denen einige die auf den Seiten 112ff. dieses Büchleins gegebenen Ausführungen zur religionsdialogischen Relevanz des Trinitätsglaubens wesentlich ergänzen können.

Auch weite Dimensionen der Diskussion, die sich seit einigen Jahren um die Thesen von Jan Assmann bezüglich des Gewaltpotentials des Monotheismus bewegt, haben engste Beziehungen zur Frage nach der gesellschaftlich-politischen Bedeutung trinitarischen Denkens, wie sie ganz kurz auf den Seiten 50ff. skizziert (und ausführlicher in meinem »großen« Trinitätsbuch 506–522 behandelt) werden. Einen exemplarischen Ausschnitt aus dieser theologischen Diskussion bietet:

Walter, P. (Hg.), Das Gewaltpotential des Monotheismus und der dreieine Gott (Quaestiones disputatae 216), Freiburg i. Br. 2005.

Auch der Sammelband

Tatari, M./Stosch, Kl. V. (Hg.), Trinität – Anstoß für das islamisch christliche Gespräch, Leiden 2013

stellt wie auch die schon auf S. 160 genannte Publikation

Stosch, Kl. v., Trinität 2017.

die Trinitätslehre dezidiert in die Perspektive des interreligiösen Dialogs.

(9) Von den neueren Veröffentlichungen zur Trinität, die mehrheitlich auf die lebenspraktische Seite des trinitarischen Glaubens abzielen (siehe S. 159), seien folgende hervorgehoben:

Böhnke, M., Geistbewegte Gottesrede, Freiburg i. Br. 2021.

Ulz, St., Dreifaltigkeit leben. Trinitarische Anthropologie bei Chiara Lubich, Würzburg 2019.

Kurze Vorstellung neuerer trinitätstheologischer Literatur

Im erstgenannten Werk skizziert der Autor zunächst einen pneumatologischen und das heißt erfahrungsbezogenen Zugang zum trinitarischen Glauben und schließt dann mit einem Kapitel, das bezeichnenderweise die Überschrift trägt »Von der praktischen Pneumatologie zur Trinitätslehre, aus der sich was fürs Praktische gewinnen lässt«.

In der zweitgenannten Studie entfaltet der Verfasser nach einer Übersicht über die Anthropologien der Gegenwart geistliche Erfahrungen der Fokolar-Bewegung, die darauf abzielen, Trinität zu leben und Trinität zu werden.

Weitere Werke dieser trinitätstheologischen Richtung:

Böhnke, M / Söding, Th. (Hg.), In Beziehung leben, Freiburg i. Br. 2008.

Prenga, E., Gottes Sein als Ereignis sich schenkender Liebe. Von der trinitarischen Ontologie P Codas zur trinitarischen Phänomenologie der Intersubjektivität und Interpersonalität, Freiburg i. Br. 2018.

Ouellet, M., Die Familie – Kirche im Kleinen. Eine trinitarische Anthropologie, Einsiedeln 2013.

Tomblin, G., Der Geist der Fülle. Die Dreieinigkeit, die Kirche und die Zukunft der Welt, Münster 2017.

Anmerkungen

[1] I. Kant, Der Streit der Fakultäten (WW [Weischedel] IX), Darmstadt 1971, 303. – Zitate, die in diesem Buch nicht eigens ausgewiesen sind, lassen sich leicht durch Nachschlagen im Register meiner »großen« trinitarischen Theologie »Der dreieine Gott«, Freiburg i. Br. ^{5}2007 verifizieren.

[2] G. Baudler, Ideen zu einer symboltheoretischen Interpretation der Trinitätsüberlieferung, in: rhs 24 (1981) 44.

[3] K. Rahner, Der Dreifaltige Gott als transzendenter Urgrund der Heilsgeschichte, in: MySal II, 319f.

[4] K. Hemmerle, Glauben – wie geht das?, Freiburg i. Br. 1978, 147.

[5] Diese erschien zunächst in drei Auflagen unter dem Titel »An den drei-einen Gott glauben. Ein Schlüssel zum Verstehen«, Freiburg i. Br. 1998, ^{3}2000, danach 2005 als Taschenbuch unter dem Titel »Kleine Hinführung zum Glauben an den drei-einen Gott«, leicht gekürzt und um eine kommentierte Bibliographie erweitert. Die vorliegende Ausgabe wurde erneut leicht verändert und aktualisiert.

[6] Nikolaus von Kues, Excitationes 3, Basel 1565, 411f., zitiert nach H. de Lubac, Glauben aus der Liebe, dt. Einsiedeln 1970, 405.

[7] H.U. von Balthasar, Theologik, Bd. II, Einsiedeln 1985, 117.

[8] J. Ratzinger, Einführung in das Christentum, München ^{2}1968, 126.

[9] J. Werbick, Trinitätslehre, in: Th. Schneider (Hg.), Handbuch der Dogmatik, Bd. II, Düsseldorf 1992.

[10] S. dazu u. S. 89ff.

[11] Gregor von Nazianz, Orationes V (PG 36, 135).

[12] W. Kasper, Der Gott Jesu Christi, Mainz 1982, 287.

[13] K. Hemmerle, Gemeinschaft als Bild Gottes (WW 5), Freiburg i. Br. 1996, 91.

[14] Gregor von Nazianz, Carmina theologica I, 1,3 (PG 37, 413).

[15] Hemmerle, aaO. 91.
[16] Thomas von Aquin, In libro III sententiarum, 27,1,1 ad 4.
[17] Siehe dazu S. 42ff.
[18] Seit Thomas von Aquin wird darum Person in Gott als »relatio subsistens« verstanden, d. h. als reines Bezogensein aufeinander.
[19] H.U. von Balthasar, Einleitung zu Richard von St. Victor, Die Dreieinigkeit, Einsiedeln 1980, 20.
[20] Richard von St. Victor, De Trinitate III, 11, 14, 15. Die Übersetzung orientiert sich mit einigen Abänderungen an von Balthasar, aaO. 95.100f.
[21] K. Marti, Die gesellige Gottheit, Stuttgart 1989, 94f.
[22] Minucius Felix, Octavius 10, 3 (CSEL 2, 14).
[23] E. Brunner, Der Mensch im Widerspruch, Zürich – Stuttgart ⁴1965, 38f.
[24] H.U. von Balthasar, Theodramatik, Bd. II/1, Einsiedeln 1976, 368.
[25] H. Dörrie: Gnade, in: RAC 11, 329
[26] J. Twardowski, Ich bitte um Prosa, Einsiedeln 1973, 69.
[27] E. Käsemann, Exegetische Versuche und Besinnungen I, Göttingen 1960, 115.
[28] Vgl. dazu die Zusammenfassung bei A. Angenendt, Die Geschichte der Religiosität im Mittelalter, Darmstadt 1997, 585–613.
[29] Näheres dazu auf S. 125f.
[30] F. Wagner, Selbstbestimmung und Person, in: Concilium 13 (1977) 137.
[31] H. Rombach, Strukturanthropologie, Freiburg – München ²1993, 23f.
[32] L. Boff, Der dreieinige Gott, Düsseldorf 1987, 24.
[33] P.W. Riener, Die Heiligste Dreifaltigkeit als Urbild sozialer Gesinnung und Tat, in: Seelsorge 29 (1958/59) 386.
[34] A. Brunner, Dreifaltigkeit, Einsiedeln 1976, 138.
[35] Siehe dazu S. 82f.
[36] J. Moltmann, Gedanken zur »trinitarischen Geschichte Gottes«, in: Evangelische Theologie 35 (1975) 209.
[37] P. Lapide, in: ders./J. Moltmann, Jüdischer Monotheismus – Christliche Trinitätslehre, München 1979, 54.

Anmerkungen

[38] S. Dietzsch, Krisis der Vernunft. Gespräch mit Kurt Flasch, in: Sinn und Form 48 (1996) 273.

[39] Summa theologiae I, 32, 1 ad 3.

[40] Origenes, Homiliae in Lev 7,2 (SC 286, 308f).

[41] J. Moltmann, Die Quelle des Lebens, Gütersloh 1997, 114.

[42] Mit diesen Versen ist, wie die Exegese zeigt, nicht das Kommen des Sohnes als »Mensch« gemeint – davon ist erst ab Vers 14 die Rede –, sondern das »Kommen« des Logos, also des ewigen Gottessohnes als ständiges und je neues »Licht und Leben« der Schöpfung.

[43] Vgl. z. B. Ps 104,30: »Sendest du deinen Geist aus, so werden sie (die Geschöpfe) alle erschaffen«.

[44] S. Kierkegaard, Philosophische Brocken (Ges. WW [Hirsch/Gerdes] 10), Gütersloh ²1985, 24–31. Übersetzung und Orthographie wurden heutigem Usus angepasst.

[45] Vgl. S. 42f.

[46] Siehe dazu auch G. Greshake, Gottes Karriere nach unten, Freiburg i.Br. 2020.

[47] Vgl. S. 63f und 74.

[48] A. Ganoczy, Communio – ein Grundzug des göttlichen Heilswillens, in: Unsere Seelsorge 22 (1972) 2.

[49] J. Jeremias, Neutestamentliche Theologie, Gütersloh ²1973, 167.

[50] Deshalb ist bei den Geschichten von der Heilung Aussätziger die Pointe nicht das Geheiltsein, sondern die Weisung: Zeig dich dem Priester! Vgl. Lk 5,14 par. Denn erst aufgrund von dessen Feststellung konnte ein Aussätziger in sein Dorf und seine Familie zurückkehren.

[51] G. Theißen, Urchristliche Wundergeschichten, Gütersloh 1974, 247.

[52] Wir sehen im Folgenden davon ab, dass das Kreuz vom Menschen her gesehen auch Zeichen des schuldhaften Nein gegenüber dem Angebot Gottes ist, Konsequenz des Rufes »Hinweg, kreuzige ihn!«.

[53] Ilias II, 24, 525f.

[54] So F. Varillon, Souffrance de Dieu, vie du monde, Tournai 1971, 71.

[55] Gottfried von Straßburg, Tristan und Isolde, zitiert nach Th. R. Krenski, Passio Caritatis, Einsiedeln 1990, 187.

⁵⁶ K.-H. Menke, Die Einzigartigkeit Jesu Christi im Horizont der Sinnfrage, Einsiedeln – Freiburg 1995, 134.

⁵⁷ Anselm von Canterbury, Cur Deus Homo II, 8, hg. von F.S. Schmitt, Darmstadt 1970, 100.

⁵⁸ N. Hoffmann, Kreuz und Trinität, Einsiedeln 1982, 102; ders., Sühne, in: Entwicklung und Aktualität der Herz-Jesu-Verehrung, hg. vom Internationalen Institut vom Herzen Jesu, Aschaffenburg 1984, 188.

⁵⁹ Wichtige Ausführungen zum Thema »Stellvertretung« finden sich bei G. Greshake, Kirche wohin?, Freiburg i. Br. 2020, 112–120.

⁶⁰ S. o. S. 65ff.

⁶¹ Dass diese Deutung des Verhältnisses von Kreuzestod und Auferstehung nicht gegen die biblischen Berichte von den Erscheinungen des Auferstandenen ab dem »dritten Tag« steht, wird ausführlicher in meinem Beitrag »Auferstehung im Tod«, in: Theologie und Philosophie 73 (1998) 538–557 dargestellt. Hier finden sich auch Hinweise auf zahlreiche Theologen der Gegenwart, die eine ähnliche Konzeption vertreten.

⁶² Vgl. o. die Interpretation S. 69f.

⁶³ Tertullian, De baptismo VI, 1 (CC 1, 282).

⁶⁴ Vgl. S. 34f.

⁶⁵ H.J. Pottmeyer, Die zwiespältige Ekklesiologie des Zweiten Vaticanums – Ursache nachkonziliarer Konflikte, in: Trierer Theologische Zeitschrift 92 (1983) 283.

⁶⁶ K. Rahner, Schriften V, 142.

⁶⁷ Eine solche weltweite trinitarische Struktur des Religiösen gibt es tatsächlich. F. Heiler, Erscheinungsformen und Wesen der Religionen, Stuttgart 1961, 164f. hält den Trinitätsglauben sogar für »dem Menschen angeboren«. Auch wenn eine solche Aussage wohl zu weit geht, ist es doch bemerkenswert, dass es in allen größeren Religionen Ansätze für eine trinitarische Sicht des Absoluten gibt. Siehe dazu auch C.G. Jung, Symbolik des Geistes, Zürich 1948, 327–350. Weitere Literatur dazu bei G. Greshake, Der dreieine Gott. Eine trinitarische Theologie, Freiburg i. Br. ⁵2007, 505, Anm. 219.

⁶⁸ So R. Panikkar, Trinität, München 1993, 44, ein Werk, das für das Folgende entscheidende Anstöße gab.

Anmerkungen

[69] Siehe dazu H. Waldenfels, Absolutes Nichts. Zur Grundlegung des Dialogs zwischen Buddhismus und Christentum, Freiburg i. Br. 1976.

[70] Panikkar (S. 169 Anm. 69) 76f.

[71] M. Heinrichs, Christliche Offenbarung und religiöse Erfahrung im Dialog, Paderborn u. a. 1984, 81, weist auf das frappierende Faktum hin, dass sich in diesem Punkt die Aussagen von Mystikern in den verschiedenen Religionen gleichen.

[72] S. o. S. 42.

[73] Summa theologiae I, 3 prologus. – Vgl. dazu z. B. J. Pieper, Philosophia Negativa, München 1953. Weitere Angaben und Literatur bei J. Hochstaffl, Apophatische Theologie, in: LThK^3 1, 848.

[74] Panikkar (S. 93 Anm. 3) 81.

[75] Ebd. 46.

[76] Heinrichs (S. 169 Anm. 68) 52.

[77] Panikkar (S. 170 Anm. 71) 92f.

[78] Ebd. 98.

[79] Heinrichs (S. 170 Anm. 71) 71.

[80] Ebd. 89.

[81] E. Cousins, A Theology of interpersonal Relations, in: Thought 45 (1970) 498.

[82] Interessenten seien auf die entsprechenden Abschnitte bei G. Greshake, Der dreieine Gott. Eine trinitarische Theologie, Freiburg i. Br. ^{5}2007, 523–537 verwiesen.

[83] Johann Wolfgang von Goethe, zitiert nach J. Moltmann, Trinität und Reich Gottes, München 1980, 179. Vgl. dieses Werk auch für die folgenden Ausführungen im Text.

[84] S. o. S. 46.

[85] Reinbek 1979.

[86] Richter, ebd. 21.23.

[87] Ebd. 35. – J. Splett, Freiheits-Erfahrung, Frankfurt a. M. 1986, 240 weist zu Recht darauf hin, dass Richter damit nur einen Gedanken »popularisiert«, den bereits Friedrich Nietzsche tiefgründig ausgesprochen hat. Allerdings vermag Richter über Nietzsche hinaus seine Aussagen auch empirisch zu belegen. Das ist auch der Grund, warum wir uns hier auf die Auseinandersetzung mit der psychoanalytischen Religionskritik beschränken.

[88] S. Freud, Totem und Tabu, Frankfurt a. M. 1991, 430f.
[89] Richter (S. 126 Anm. 85) 35f.
[90] Ebd. 217f.
[91] Auch der Ruf nach einer solchen »Göttergemeinschaft« ist zu hören im beschwörenden Ruf O. Marquards nach einem entzauberten Polytheismus, um sowohl gegen die Alleinautorität eines allmächtigen Gottes wie gegen das (diesem entsprechende) allmächtige Sinndiktat des neuzeitlichen Subjekts (und seiner Parteien und Gruppen) mit einer Vielzahl von »Kontingenz bewältigenden Göttergeschichten« und deren freiem Spiel aufs Neue Freiheit und Toleranz zu begründen. Siehe O. Marquard, Lob des Polytheismus. Über Monomythie und Polymythie (1979), in: ders., Abschied vom Prinzipiellen, Stuttgart 1982, 91–116 u.ö. Ähnlich wie Marquard auch A. de Benoist, Heide sein, Tübingen 1982.
[92] J. B. Metz, Monotheismus und Demokratie, in: Jb. f. Polit. Theologie 1 (1995) 39–52.
[93] In dieser Perspektive schreibt auch G. Vattimo, Jenseits des Christentums, dt. München – Wien 2002,131, dass eine gewisse Trennung von Religion und gesellschaftspolitischer Ordnung nur deshalb gelang, »weil sie sich auf einer soliden, wenn auch nicht anerkannten Grundlage einer gemeinsamen religiösen Zugehörigkeit verwirklichte.«
[94] W. Pannenberg, Anthropologie in theologischer Perspektive, Göttingen 1983, 461.
[95] Vgl. E.-W. Böckenförde, Die Entstehung des Staats als Vorgang der Säkularisation, in: H.-H. Schrey (Hg.), Säkularisierung, Darmstadt 1981, 88f.
[96] H. Mühlen, Entsakralisierung Paderborn 1971, 232.
[97] Pannenberg, Anthropologie, 463.
[98] Mühlen, Entsakralisierung 228.
[99] Vgl. Gregor v. Nazianz, or. 29, 2 (= SC 250, 178). Allerdings vermerkt Gregor, dass eine solche Versöhnung keine wirkliche Entsprechung in der irdischen Realität habe: or. 31, 31 (= SC 250, 338).
[100] Siehe G.W. Locher, Staat und Politik in der Lehre der Reformatoren, in: Ref. 1 (1952) 208.
[101] W. J. Hollerweger, Geist und Materie, München 1988, 329.

[102] L. Hodgson, The Doctrine of the Trinity, London 1943; ders., Essays in Christian Philosophy, London 1930.

[103] Ders., Essays 133.

[104] J. Moltmann, Trinität und Reich Gottes, München 1980, 215.

[105] Hier dürfte ein wesentlicher Unterschied zum begrifflichen theologischen Denken liegen: Der theologische Begriff muss sozusagen erst in einem zweiten Schritt aufgebrochen werden von dem – allem begrifflichen Erfassen sonst eigenen – Anspruch, die erfasste Wirklichkeit mit deren »In-Sich« zu identifizieren. Dagegen hat die Kunst mit dem Glauben gemeinsam, dass sie von vornherein von sich weg auf eine von ihr nicht fassbar zu machende Wirklichkeit verweist.

[106] Eine Kopie findet sich als Altarbild am Zentrum von INTAMS (International Academy for Marital Spirituality), Sint-Genesius-Rode bei Brüssel, Belgien. Und dies ist wohl nicht zufällig, geht es doch dieser Akademie wesentlich um die geistliche Beziehung von Mann und Frau, die ihr Urbild in der Beziehung des trinitarischen Gottes hat.

[107] Dies ist ganz und gar umstritten! Viele Interpreten vertreten in der Zuordnung der göttlichen Personen eine andere Auffassung als die hier gegebene. Entweder setzt man sich für folgende Zuordnung ein (von links nach rechts [aus der Sicht des Betrachters]): Heiliger Geist – Gott Vater – Jesus Christus; oder man vertritt die heute mehrheitlich gegebene Interpretation: Gott Vater – Jesus Christus – Heiliger Geist. Die Argumente dafür sind übersichtlich zusammengefasst bei: R. M. Mainka, Andrej Rubljevs Dreifaltigkeitsikone, Ettal ^{2}1986.

[108] S. o. S. 142f.

[109] Entsprechend der ostkirchlichen Ablehnung des sogenannten »Filioque«, d. h. des Glaubens, dass der Heilige Geist aus dem Vater *und* dem Sohn hervorgeht, blickt die dem Heiligen Geist entsprechende Gestalt nicht auf Vater und Sohn, sondern zusammen mit dem Sohn – beide in gleicher Weise tiefgebeugt – auf den Vater.

[110] Jedoch kann das Viereck der Altaröffnung auch als »Geviert« und damit als Symbol des Kosmos verstanden werden, der auf diese Weise mitten in das Leben der Dreifaltigkeit hineingezeichnet ist.

[111] C.G. Jung, Symbolik des Geistes, in: Psychologische Abhandlungen VI, Zürich 1948, 403f., 399, 414.

[112] Siehe S. 42.

[113] Einige der wichtigsten Diskussionspunkte werden behandelt in der 5. Auflage meines Werkes »Der dreieine Gott«, Freiburg i. Br. 2007, 558–578. Vgl. neuestens auch M. Amlinger, Gottes Gemeinschaft als Urgrund der Schöpfung, Regensburg 2019.

[114] Eine andere Weise praktischer Konsequenz ist auch die in einigen Studien zu beobachtende Tendenz, die Trinitätslehre in den interreligiösen Dialog einzubringen und sie von daher neu zu sehen. Vgl. dazu die Angaben auf S. 164f.

[115] Die wichtigsten dieser Veröffentlichungen sind unter der »Kurzen Vorstellung neuerer trinitätstheologischer Literatur« (S. 164f) angeführt.

[116] Vgl. zum Letzten M. Ouellet, Die Familie – Kirche im Kleinen. Eine trinitarische Anthropologie, Einsiedeln 2013.

[117] Vgl. z. B. G. Greshake, Beten im Angesicht des drei-einen Gottes, in: W. Lambert / M. Wolfers (Hg.), Dein Angesicht will ich suchen, Freiburg i. Br. 2005, 48–63.

[118] Zu diesem Werk sind mittlerweile einige größere Studien erschienen, die durch sachkundige Interpretation den Zugang erleichtern können: Siehe u. a. V. Busch, Communio Sanctorum in Communione Trinitatis, Mainz 2002; M. Bollig, Einheit in der Vielfalt. Communio als Schlüsselbegriff des christlichen Glaubens im Werk von G. Greshake, Würzburg 2004; B.M. Doyle, Social Doctrine of the Trinity and Communion. Ecclesiology in L. Boff and G. Greshake, in: Horizons 33 (2006) 239–255. M. Amlinger, Gottes Gemeinschaft als Urgrund der Schöpfung, Regensburg 2019. Demgegenüber führt D. Lorenz, Phänomenologie der Liebe als Phänomenologie der Freiheit. Ein Vergleich der trinitätstheologischen Denkmodelle G. Greshakes und A. Ganoczys aus strukturphänomenologischer Perspektive, Berlin 2007, eine kritische Analyse meiner Studie wie auch der von Ganoczy, aber darin eingeschlossen fast der ganzen gegenwärtigen Trinitätstheologie durch. Er kommt deshalb zu negativen Ergebnissen, weil er die Strukturphänomenologie Heinrich Rombachs als Kriterium für jede andere Denkweise einsetzt. Es wird jedoch die Frage nicht gestellt, ob diese Philosophie talis qualis überhaupt für theologisches, zumal trinitätstheologisches Denken taugt.

[119] Zur Kontroverse zwischen H. Vorgrimler und M. Striet, an der

auch ich mich beteiligt habe, vgl. G. Greshake, Streit um die Trinität, in: Herder-Korrespondenz 56 (2002) 534–537.

[120] Der gleiche Autor zeigt in seiner Studie Dios es comunión. El nuevo paradigma trinitario, Salamanca 2004, auf höchst anregende Weise, dass und wie der trinitarische Glaube zu einem neuen »Basis-Paradigma« in der Theologie führt: weg vom Paradigma Substanz und/oder Subjekt – hin zum Paradigma Communio. Ganz ähnliche (obwohl voneinander völlig unabhängige) Überlegungen finden sich auch bei G. Greshake, »Comunicacion. Origen y significado de una idea teologica«, in: Stromata 62 (2006) 129–149. Ähnlich auch ders., Der Ursprung der Kommunikationsidee, in: Communicatio socalis 35 (2002) 3–26.

Namensverzeichnis

Ackva, L. 161
Amlinger, M. 173[113.118]
Angenendt, A. 167[28]
Anselm von Canterbury 91, 142f, 169[57]
Aristoteles 31, 132
Assmann, J. 164
Augustinus 82, 143
Baldung, H., gen. Grien 151
Balthasar, H.U. von 17, 39, 43 79, 158 160, 162, 166[7]
Barth, K. 158
Baudler, G. 8, 166[2]
Benoist, A. de 171[91]
Berger, P.L. 130
Böckenförde, W. 171[95]
Böhnke, M. 165
Boff, L. 55, 134, 136, 167[32]
Bollig, M. 173[118]
Breuning, W. 161f.
Brunner, A. 56, 167[34]
Brunner, E. 167[23]
Busch, V. 173[118]
Ciola, N. 158
Cousins, E. 124, 170[81]
Cyprian von Karthago 98
Dietzsch, S. 168[38]
Dörrie, H. 167[25]
Doyle, B.M. 173[118]
Duns Scotus 52
Eckermann, H.P. 7

Eckstein, H.J. 161
Eichendorff, J. Frhr. von 142
Flasch, J. 61
Florenskij, P. 146
Freud, S. 126, 128, 171[88]
Ganoczy, A. 84, 160, 168[48], 173[118]
Goethe, J.W. von 7, 39, 125, 170[83]
Gottfried von Straßburg 87, 168[55]
Gregor von Nazianz 25, 137, 166[14], 171[99]
Greshake, G. 12, 158, 160, 166[1.5], 168[46], 169[59.61.67], 170[82], 173[113.117], 174[119.120]
Hegel, G.W. 58
Heiler, F. 169[67]
Heinrichs, M. 116f, 122, 170[71.76.79.80]
Hemmerle, Kl. 10. 162, 166[4.13], 167[15]
Kant, I. 10, 162, 164[4.13], 167[15]
Hilberath, B.J. 163
Hochstaffl, K. 170[73]
Hodgson, L. 138, 172[102.103]
Hoffmann, N. 92, 169[58]
Hollerweger, W.J. 137f., 171[101]
Homer 86f, 168[53]
Ignatius von Antiochien 114
Irenäus von Lyon 78, 107

175

Namensverzeichnis

Jean Paul, 58
Jeremias, J. 84, 168[49]
Jung, C.G. 152f., 169[67], 171[111]
Jüngel, E. 158, 161
Käsemann, E. 50, 167[27]
Kant, I. 8, 44, 166[1]
Kasper, W. 28, 158, 160
Kierkegaard, S. 75ff., 168[44]
Lapide, P. 59, 167[37]
Locher, G.W. 171[100]
Lorenz, D. 173[118]
Luther, M. 99, 145
Mainka, R.M. 172[107]
Markschies, C. 161
Marquard, O. 171[91]
Marti, K. 43f., 167[21]
Meister Eckhart 117
Menke, K.-H. 90, 169[56]
Metz, J.B. 130, 134, 171[92]
Moltmann, J. 57, 71f., 134, 139, 158, 160f., 166[6], 167[36.37], 168[41], 172[104]
Mühlen, H. 133, 136f, 171[96-98]
Nietzsche, Fr. 170[87]
Nikolaus von Kues 16f.
Nitsche, B. 163
Origenes 71, 168[40]
Ouellet, M. 165, 173[116]
Pannenberg, W. 131, 135f., 158, 160f., 171[91.94]
Pannikar, R. 117ff, 169[68], 170[74.75.77]
Peterson, E. 133f.
Pieper, J. 170[173]
Platon 28
Pottmeyer, H.J. 103, 169[65]
Prenga, E. 165

Rahner, K. 8, 88, 158, 163, 166[3], 169[66]
Ratzinger, J. 166[88]
Richard von St. Viktor 40, 162, 167[20]
Richter, H.E. 126-129, 170[86.87], 171[89.90]
Riener, P.W. 55, 167[33]
Rombach, H. 54, 167[31], 173[118]
Rubljev, A. 146f.
Schiller, Fr. von 19, 58, 91
Schmitt, C. 132
Scholl, N. 162
Schulz, M. 162
Shakespeare, W. 78
Splett, J. 170[87]
Storch, Kl. von 160, 164
Striet, M. 173[119]
Tatari, M. 164
Tertullian 98, 169[63]
Theißen, G. 168[51]
Thomas von Aquin 36, 62, 114, 132, 167[16.18], 168[39], 170[73]
Twardowski, J. 49, 167[26]
Ulz, St. 159, 165
Varillon F. 168[54]
Vattimo, G. 171[93]
Volf, M. 161
Vorgrimler, H. 163, 173[119]
Wagner, F. 167[30]
Waldenfels, H. 170[69]
Walter, P. 164
Welker, M. 161
Werbick, J. 160, 166[9]
Zarazaga, G.J. 163, 174[120]
Zwingli, H. 137